天下雜誌
觀念領先

走入大絲路南亞段

印度
भारत 不思議
世界遺產紀行

印度世界遺產深度導覽達人｜吳德朗 著

走入大絲路南亞段

印度भारत
不思議
世界遺產紀行

目錄

印度教 Hinduism 33

佛 教 Buddhism 141

伊斯蘭教 Islam 183

無與倫比的生命禮讚

我 要祝賀本書的作者吳德朗 (Jeffery Wu) 先生。出版印度世界遺產的專書，他是印度文化的忠實愛好者。

印度是一個有數千年的文化，又有著無與倫比的多樣性，許多宗教和民族共存的國家。以活躍多元方式對生命禮讚，成就了印度及人類的繁榮。在漫長的文明進程中，建立了許多文化遺產。聯合國教科文組織最古老的印度遺址建於西元前 3 世紀。最新建於 20 世紀 50 年代，這反映了印度遺產的連續性。

我祝福 Jeffery 成功完成他的大作。

FOREWORD |

I would like to congratulate the author of this book Mr. Jeffery Wu. A great lover of India and its culture, for this initiative of publishing India's world heritage

India is a millennia oid civilization with unmatched diversity in the world with coexistence of many religions, ethnicities The dynamic divergence resulted in flourishing of humanity through celebration of life.in the course of long civilization many heritage sites were built

The oldest UNESCO heritage site of India was built in the 3 century BCE .The latest one was built In 1950s This reflects the continuity of Indian heritage

I wish Jeffery very best of luck for success of his work.

那一段值得回憶的日子

楊方

在 2003 年我在文建會的演講廳舉辦了 9 場世界遺產旅遊講座；隨著中華世界遺產協會成立，開始在台北國際藝術村開辦了「世界遺產與人類文明」系列課程。當時吳德朗先生自費出版了至今仍為研究印度音樂分類的重要著作：《印度音樂與文化》，因而受邀為西席主持印度文化課程，也開啓了我與吳德朗 15 年來在精神上相互扶持的緣份。

印度第一個列名教科文組織「無形文化遺產代表作」的項目是 2001 年的「苦替雅坦梵劇」（Kutiyattam, Sanskrit Theatre），當時《保護非物質文化遺產公約》尚未簽訂，沒有非物質文化遺產名錄，更沒有太多人知曉文化多樣性、無形文化財或非物質文化遺產等這些如今大家耳熟能詳的國際性文化遺產理念與保存計畫，資訊非常缺乏，因此「苦替雅坦」究竟是蝦米碗糕？

2005 年，吳德朗從印度請來許朱（Kalamandalam Shiju）演出源自苦替雅坦梵劇的印度古典舞「卡塔卡利」（Kathakali），在許朱繁複的化妝過程、動人的

肢體與細緻的眼、眉、嘴、臉頰動作演示中，觀眾進入了新奇而迷幻的古老印度世界，我們也才對苦替雅坦傳承 2000 餘年的文化形式有了初步的理解。隨著許朱的來到，吳德朗引進了印度婆羅多舞（Bharata Natym）、卡塔克（Kathak）、奧里西（Odissi）、查烏（Chhau）等古典舞蹈以及寶萊塢（Bollywood）印度電影文化，也在他的堅持之下逐步成為台灣多樣文化給養的一部分。

2007 年我創辦了《世界遺產雜誌》，2008 年獲邀前往印度參觀部分世界遺產及古典藝術養成學校，回來後便製作了世界遺產雜誌印度專輯，邀吳德朗作專文介紹印度世界遺產及非物質文化遺產。當年 9 月，教科文組織公布了第一批《人類非物質文化遺產代表作名錄》（Representative List of Intangible Cultural Heritage of Humanity）印度獲列名的第一批項目就是「苦替雅坦梵劇」以及「吠陀吟唱」、「羅摩衍那」、「拉曼」等四項。如今（2018年），印度的世界遺產數量已達 37 項居世界第 6、非物質文化遺產 11 項在亞洲

也僅次於東亞的中韓日等三國，代表了印度在文化與自然的多樣性保存的努力是不容忽視的。

2010 年我獲聘於大學任教，邀請吳德朗老師擔任客座，對同學介紹印度文化影響所及的東南亞地區音樂及文化形式，當時吳德朗先生已開始籌辦印度文化音樂節與想社區嘉年華會等年度盛會，便與學校展開了長期的義務性質合作，在印度文化節期間安排許朱、Dr・Korambil Ayyappan Sheela、Shravanthi Sainath（電影少年 Pi 的奇幻漂流中的阿南蒂）、查烏舞團 Shashadhar Acharya 等大師級印度藝術家到校演說或示範，付出的心力與經費著實難以衡量。

有如《世界遺產雜誌》是我的人生功課，吳德朗先生也將其畢生研究再度以文字發表。我走過，我了解那段值得回憶的日子，我全心祝福。（此文作者為南京大學歷史學院博士研究生、世界遺產雜誌發行人、愛琴海旅行社總經理）भारत

富饒寶地——印度

林婉美

亞歷山大東征為什麼一定堅持要冒險打印度？他有非去不可的理由嗎？

當然有。

在希臘人的想像中，印度是一個遍地黃金與香料的富饒寶地——不只希臘人這麼想，這根本是當時的世界觀。亞歷山大大帝說他的老師（亞里士多德）曾說，世界的盡頭在印度，那裏充滿了黃金與香料。

1800 年後，哥倫布首度登陸美洲，但他至死都相信自己是到了印度，於是就這麼以訛傳訛，美洲原住民至今仍然被英文稱作「印度人（Indians）」。從亞歷山大到哥倫布，中間還經過馬可波羅的生動渲染，印度在歐洲人的心目中始終神秘而充滿魅力，而以中國、印度為代表的東方文明與財富循著絲路西傳，可說是歐洲人探索東方的原動力。

西元前 2 世紀張騫出使西域，開通了漢帝國經天山南北兩路至中亞的貿易路線，根據一般認知，這就是絲路之始。不久後漢武帝滅南越國，擴大海上貿易，商船從廣州等港口載運絲綢、瓷器經麻六甲海峽抵達印度半島南端，此即「海上絲路」的開端。

不過張騫出使西域途徑大夏（今阿富汗）時，竟然在當地看到了四川出產的邛杖和蜀布，一問才知來自身毒（印度），原來四川成都老早就有一條貿易道路通到印度，事實上印度早在西元前 4 世紀的孔雀王朝即已經此取得絲綢。這條古名「蜀身毒道」的第三條絲路也稱為「西南絲綢之路」，在印度與陸上及海上絲路會合。

希臘、羅馬商人自西元前 2 世紀起即已從紅海揚帆至印度港口，把香料等貨物運回開羅，或取道波斯灣進入兩河流域，到達今土耳其南部的港口安條克，再經海運將貨物送到地中海沿岸的大小城市。2 世紀這條既有的貿易路線延伸到中國，也被併入海上絲路看待。中國到印度段是絲路全線極為重要的一環，海上絲路興起之後，印度更成了舉世無匹的商品集散與轉運站。海上絲路可避免漫長陸上絲路的不確定性，一旦掌握了印度洋季風的變化規律，海運的風險反而比陸運更低，不但每趟的載運量大為提高，也更能準確預測貨

物抵達的時間，海上絲路因此對陸上絲路構成強勁的競爭，也因印度的香料而博得「香料之路」的別名，不讓中國的絲綢專美於前。由此可知，如果不了解印度，即難以一窺絲路全貌。

得知吳德朗老師這本《走入大絲路南亞段 印度不思議 世界遺產紀行》即將付梓，心中充滿了驚喜與欽佩。昨日是源，明日為流。探索浩瀚龐雜的古文明，需要不懈的努力與真心的觸動，雖然素知吳老師對印度文化的熱情，但我深知這樣一本書所意味的龐大而繁瑣的工作負荷，本書涵蓋近 30 個世界遺產，簡直是一項不可能的任務！然而吳老師依然在忙碌中發揮內在的靜定，以發現快樂的心不懈地將它完成了。

吳德朗老師二十多年前結束自己創業的科技公司後，就一頭栽進推廣印度文化的全職志工生涯，不斷透過各種活動與平台發揮能量，而且心力不僅限於古文明的範疇，演講、撰文與擔任解說領隊之外，樂在分享的吳老師更出錢出力舉辦各種性質的雙邊交流活動，促進台印交流的貢獻

備受肯定，一般人都尊稱他一聲「老師」；至於我們這些較為熟識的朋友，熟知他長年在印度建立的深厚基礎以及累積下來的廣泛情誼，都在私底下封他為「地下印度大使」。我則一直十分佩服吳老師的平易近人與無私的奉獻熱情，更感謝他平日的教導與幫助。

《走入大絲路世界遺產紀行》書系從 2006 年開始企劃，至今已出版中東段五國、波斯段伊朗、北非段摩洛哥與高加索段三國等四本，吳老師完成的這本南亞段印度，真是一份畫龍點睛的特大號驚喜！

世界四大文明古國之一的印度，今天以 13 億人口排名世界第二，是全球最大的民主國家以及前五大經濟體。隨著美國對亞洲政策的轉變，我們過去所習用的「亞太地區」也已變成了「印太地區」。印度人多數信仰印度教，相信輪迴，對於這輩子不著急，這種生活態度也正適合旅人——放下壓力，停止焦慮，放空出走吧。（此文作者為旅遊達人）भारत

推薦序 |
目睹印度文明
之絢麗及淵遠流長

田中光

古印度吠陀文明（Vedic Civilization）深信業緣（Karma），也就是爾後印度教、佛教、耆那教等教義中所說的輪迴（Rebirth）概念。如是推論，吳德朗老師和印度的淵源可能不只是這一生吧！

和吳老師的結緣始於 2013 年駐節印度後，當時國內研究印度政治、經濟學者專家所在多有，各領風騷，實際投資的企業家也秣馬厲兵，準備進軍此一廣大市場，惟有深入研究印度文化及音樂的專家非常罕有，吳老師就是其中極少有的專家。

據吳老師親自告知，早年從事電子業，由於運氣好（我認為是眼光準、時間對），著實攢了點錢，於是提早收山，在一機緣下鑽進了這浩瀚無邊的印度文化音樂大海之中，就著迷至深，無法也不願自拔，一轉眼十數年過去，至今悠遊其中，樂在其中。2016 年在德里舉辦的國慶酒會中，吳德朗老師特別推薦他的印度學生

Awantika 姊弟，用傳統的手風琴（Har-
monium）及塔布拉鼓（Tabla）演唱「小
城故事」及「梅花」等國語歌曲，形成文
化交流的最佳佐證，引發全場嘉賓之驚
讚。2018 年 10 月 2 日，由本處動念並請
文化部台中文化資產局主政和印度甘地博
物館在台中合辦了一場為期近兩個月的
「愛與和平——印度聖雄甘地暨世界遺產
交流展」，吳德朗老師也共襄盛舉，並特
別請專人製作了一座大型「甘地織布機」，
置於展場入門位置中心，象徵甘地堅苦卓
絕，自食其力，反抗英國殖民時期不當的
施政，吳老師之用心程度令人感佩。

　　吳德朗老師第三本大作《走入大絲路
南亞段 印度不思議 世界遺產紀行》，介
紹印度 28 個世界遺產，跨越數千年，寫
來細膩如生，配上歷史發展之故事，動人
不已，可作為尚未親自到訪者臥遊之最佳
導覽範本。吳老師文中所述的石窟中，本
人也造訪數座，其中以埃羅拉（Ellora）

及阿旃陀（Ajanta）兩座最令人震撼及驚
豔，其精工之美，雕工之專注以及氣勢之
磅礡，是印度石窟中之瑰寶，值得造訪，
相信讀者臥遊之餘，一定也會起心動念來
印度一遊，親自目睹印度文明之絢麗及淵
遠流長。（此文作者為我國駐印度代表）

भारत

印度世界遺產的百科全書
＋ 旅遊工具書

陳牧民

印度是世界四大古文明之一，在其四千年歷史過程中歷經了各種各樣的蛻變與發展。由於地理位置之故，這裡很早就成為東西方文明接觸的橋樑：來自中亞甚至更遠的征服者早在距今 2500 年就進入印度次大陸，發展出吠陀文明與婆羅門教；根據基督教會傳說，耶穌 12 位門徒中的多馬（St. Thomas） 在西元 52 年來到印度西南海岸，並成立世界最古老的基督教教區；西元 629 年，當先知穆罕默德還在世的時候，印度喀拉拉邦就建立了全南亞第一座清眞寺。

印度本身也是世界上主要宗教的發源地：印度教、耆那教、佛教、錫克教都源自於此，至今宗教仍在這個國家大部分人民的日常生活中仍扮演重要角色。數千年來印度文明隨著宗教向外傳播，進入中亞、東亞與東南亞各地。中國的法顯、玄奘大師到印度取經，西元 6 世紀蓮花生大師將佛教帶入西藏，9 世紀爪哇島的夏連

特拉王朝統治者興建婆羅浮屠，以及西元
12 世紀吳哥王朝國王蘇利耶跋摩二世建
立的吳哥窟，都是印度文明向外傳播的證
明。

　　印度豐饒的土地吸引著來自世界各地
的朝聖者與貿易家，而外來的統治者也讓
印度的文化更加豐富：馬其頓亞歷山大大
帝在西元前 326 年進入印度，留下希臘化
的犍陀羅藝術風格；16 世紀中亞帖木兒帝
國皇室後代巴布爾建立蒙兀兒帝國，讓印
度文明與波斯文明交流融合，建造出泰姬
瑪哈陵、紅堡等偉大建築。英國殖民時期，
更進一步將歐洲建築技術帶入印度，建造
出孟買維多利亞車站、高山鐵路等工藝奇
蹟。

　　千百年來，印度大地孕育出人類文明
與智慧的精華，並透過宗教、文化、藝術、
建築流傳於世。但遠在東亞海角一隅的我
們，對印度的了解卻是何其陌生！

　　夢想印度博物館創辦人、也是台北印

度愛樂中心執行長的吳德朗先生多年來默
默推廣印度文化與藝術，以行動拉近台灣
與南亞的距離，是真正的「新南向政策」
的執行者。如今他將多年探訪印度世界遺
產的心得，整理撰寫成《走入大絲路南亞
段 印度不思議 世界遺產紀行》一書，詳
細介紹印度 28 件世界文化遺產，是了解
印度世界遺產的百科全書，也是探訪印
度的萬用工具書。誠心推薦給所有愛好歷
史、文化與建築的讀者。（此文作者為國
立中興大學國際長、國際政治研究所教
授）भारत

多元文化的交融
——異中求同的信念

黃建忠

世界四大古文明國，也就是大河文明古國，印度五河區——印度河文明；幼發拉底河、底格里斯河——肥沃月灣文明；尼羅河——古埃及文明；黃河、長江流域一華夏古文明。

　　現在的埃及人已經不是古代的埃及人，古埃及人的文明已斷裂，肥沃月灣的文明因人種的遷徙、文化更替，全然更新，不再是原來文明的延續；華夏文明曾經中斷，延後再復興；只有印度河文明還保有原汁原味，外來文明對印度文明僅有浮面、片斷、局部性改變，從印度人口比例中 80% 的人們，仍然堅持他的信仰與生活方式，可見印度文明底蘊深厚且綿長。

　　印度人種的複雜性，社會階層的嚴謹性，職業分類的繁複性，看似紛紛擾擾卻是亂中有序有規則可循，多元文化的交融，卻是在歧異中擁有共同的信念。如官方文字與語言，表現在錢幣上的官方文字即 16 種，方言且有 800 多種，那不就亂了套嗎？官方文字這麼多，應如何統一？這是另一種思維的脈絡，為何一個國家就不能有多種的官方語言與文字？多元文化更需要尊重彼此的不同，在不同文化中異中求同。

　　印度人從出生前、出生、孩童階段、教育時期、結婚，到死亡共可分為十六個階段的儀式：

1. garbhadhana: 受胎禮。胚芽的概念的或「精體注入」的儀式。
2. pumsavana: 成男禮。「帶子」的儀式，以求生男孩子。
3. simantonnayana: 分髮禮。在女子懷孕期間，毛髮分開的儀式。
4. jatakarman: 出胎禮。出生的儀式。
5. namakarana: 命名禮。在出生後第十天或第二十天為犧牲而命名的慶祝儀式。
6. niskramana: 出遊禮。小孩第一次外出。
7. annaprasana: 養哺禮。小孩第一次餵食硬體食物。
8. cudakaman: 剃髮禮。在出生第一年或第三年間，為小孩剃除頭髮的儀式。
9. kanavedha: 約在三至五歲時，慶祝穿耳洞的儀式。
10. vidyarambha: 五至七歲時，為「知識的開始」時期。學習認識字母。

11. upanayana: 入法禮。八至二十四歲時，啓蒙儀式。授予聖線。

12. vedarambha: 入法。開始研讀吠陀的儀式。

13. kesanta: 第一次刮鬍子。

14. smavartana: 歸家禮。學生生涯結束的儀式。

15. vivaha: 結婚禮。

16. antyesti: 葬禮。

　　有哪個古文明能以儀式清楚表達出如此繁複的「生命禮儀」？而且印度人將人生分成四個不同的階段學生期(brahmacarya)、家居期(grastha)、林隱期(vanaprastha)、棄世期(samnyasi)此四期。前面三個時期，學生(受教育)、家居期(成家、立業)、林隱期(退休期)非常符合現代教育的個人史觀，但棄世期，一般我們較難想像，而此棄世期是生命哲學中非常重要的，如同我們的「知天命」，但棄世期更精確的表達生命的盛衰，花開花落的循規理論，重新返回大自然的懷抱。

　　遊牧的雅利安人於西元前 1800 至西元前 1500 年自北印度進入印度河，引進了馬匹，帶進了鐵器與本地爭鬥、交融、結合中創造出偉大的古印度文明。包括四大吠陀的「梨俱吠陀」(Rg-veda)、「沙磨吠陀」(Sama-veda)、「夜柔吠陀」(Yajur-veda)、「阿達婆吠陀」(Artharva-veda)與兩大史詩《摩訶婆羅多》(Mahabharata)、《羅摩衍那》(Ramayana)。此兩大史詩濃縮了征戰、眞理、義務、正義、律則、倫理、原則與宗教價値等等，造就了後世的印度人不是談論宗教，而是在生活在宗教理念的生命中，依循「法」(dharma) 的定規中，讓每個人與社群、社會的關係中排序化與秩序化，井然有序爲社會安定的基本維繫力。南亞次大陸──印度，在將近 4000 年間原居民達羅毗荼人、雅利安人、波斯人、月氏人、匈奴人、突厥人、阿富汗人、蒙古人、葡萄牙人、法國人、英國人等等均在此或長或短停留，交融、合併、相互影響，形成一個具有古老傳統，又處處表現活力的獨特民族性。

　　截至 2018 年，印度世界遺產共 37 項，尚有 44 項列入世界遺產後備名單。在此複雜繁瑣的印度古文明社會中要梳理出印度文化與世界遺產的敘述，從蒐集資料、構思、再次實地考察、來來回回執筆、初稿、修正，再定稿，是件曠世的大工程！

　　德朗兄，印度文化的推廣者，從台北印度音樂文化中心，二十多年一路默默耕耘至台北印度博物館的創立，念茲在茲推廣印度文化不遺餘力，可說是文化推廣的先驅者。作爲走入大絲路系列叢書的印度段，本書的規格超過一般「旅遊書」的定義，是值得所有渴求知識與深度旅遊者閱讀的專書。（此文作者爲古文明旅行專家）

भारत

印度世界文化遺產
千年光 照耀人間

釋覺明

吳德朗先生，是華人圈中對印度歷史、文化、宗教領域極為專業，也數十年如一日般，從事創作與及促進華人與印度文化交流、認識與宣揚的專家。由於出席台灣南亞研究學會理監事會議，認識學者德朗先生。他現任台北夢想印度博物館負責人，收集印度歷史文物，及與此相關中英文著作，實為珍貴並具有參考價值。吳先生更長期涉獵印度古今文明之歷史古蹟及聖地之知識，並加以推廣，可說不餘遺力。印度留給世人最大的貢獻就是古老文明的宗教與文化，呈現其歷史的輝煌，傳統之保存，其多元性、豐富性、精彩性，無以倫比，其創意及創造力，將是「Make in India」夢想之泉源。讓印度這個國家足以傲視全球「Incredible India!」名符其實。印度世界遺產，更讓全人類嘆為觀止。

印度自 1977 年 11 月 14 日批准《保護世界文化和自然遺產公約》，並在 1983 年開始有歷史遺蹟被列入世界遺產；截至

2016 年 7 月，印度已有 35 處世界遺產，其中 27 處為文化遺產，7 處為自然遺產，1 處為複合遺產。今列舉數例說明之：

加濟蘭加國家公園（Kaziranga National Park）位於印度的阿薩姆邦，是世界上最重要的印度犀牛保護區。1985 年，被聯合國教科文組織列為自然遺產。

那爛陀大學是史上最早的國際學府，於北印度比哈爾邦的一個古老的高等教育中心。2016 年「那爛陀寺考正式列入文化遺產。

桑吉──佛塔的濫觴，桑吉佛塔（Buddhist Monuments at Sanchi）位於印度中央邦，距離繁華的首都博帕爾（Bhopal）只有 40 公里。1989 年早已列入文化遺產。

菩提伽耶的摩訶菩提寺群（Mahabodhi Temple Complex），是佛教釋迦牟尼佛證道成佛之處，保有著文化和考古學上重大且獨特的遺跡，於 2002 年列入世界文化遺產。在本書《印度世界遺產》第 14 篇，以「亞洲之光」標註，其不僅是佛教重鎮，更是全亞洲之光榮。

吳德朗先生新作《印度世界遺產》一書即將付梓，同露其喜，特為推薦，是之為序！（此文作者為南華大學宗教所專任助理教授、人間佛教研究及推廣中心主任）भारत

推薦序 |
黃金筆記

劉季音

在2000年的一場『命中注定』將年少的我帶往了印度，從此開啓了18年來不間斷的印度奇緣。當年的印度有如被古老塵埃覆蓋的金王子，雖然本質高貴，但在近百年來普遍崇尙現代化與西化的國際氛圍中，印度尙未向世人眞實地展露出他的力量。如今，這個孕育人類豐富文明千年之久的古國，從其厚實的在地傳統文化呈現出驚豔當代的創新、從獨出一格的藝術文化中打造出國際軟實力，加上金磚之國的經濟加持，印度在短短數十年間快速向世界展現了他華麗的蛻變。由於當時正值求學時期，必須撰寫碩士畢業論文；加上頻繁往來印度，正與其『熱戀期』中，百看不厭、事事好奇，因而踏上了南亞文學文化研究之路。

一開始著手學習才發現在台灣存留的印度知識與相關書籍貧乏到可說以文化沙漠來形容。除了1970-80年代的學術研究書籍外，其餘的就是硬梆梆的歷史遺跡等磚塊書；印度豐富的神話史詩、觸動人心的音樂舞蹈藝術，以及其與世界交流交融悠久優美的歷史足跡等等，在當時的台灣是嚴重缺席的。而印度愛樂中心創辦人吳德朗老師的出現，有如南亞文化沙漠中的綠洲、荒地的開墾者與復育者，連接起了文化的斷層。他以其對印度文化藝術無比的熱忱與孜孜不倦的勤學精神，加上昔日幹練的商界經驗，在當年極少的民間資源下，一步一腳印的從己做起，分享推動印度知識與文化，至今已數十年之久、從未間斷。從專精印度各領域的學術知識、講座座談、出書分享，到承辦每年台灣印度文化節場場活動、甚至擔任文化節舞劇的編劇創作，更別說親自帶團前往印度參訪，吳德朗老師無疑地是大眾最忠實誠摯的第一線印度大使。2017年，他率領小團隊在汐止夢想社區以環保回收廢棄材，一點一滴地打造出印度博物館。這絕對是前所未有的創舉，訪客一眼就可看到博物館中每個細節的安排，充分地呈現出創辦人對印度文化豐厚且獨特的鑑賞力。或許當初啓發吳老師的那顆塔布拉鼓有著神奇魔力，不著痕跡地以音樂爲媒介，啓動了他內在的印度魂，從此以其源源不絕的活力與智慧，不吝惜與眾人分享印度魅力。

認識吳德朗老師數十年來，時常接到他突如其來的電話，以爲是什麼緊急事故，原來是博覽群書的他，正在撰寫主題文章時又發現了什麼新大陸，因此熱血沸騰、迫不及待的打電話分享。在一次又一次聆聽的同時，我逐漸見到吳德朗老師一點一滴拼湊出的印度世界地圖：以印度爲起點，在印度看到全世界。吳德朗老師苦行僧般走遍印度各地以及世界各國的文化行腳，常被我笑稱根本是台灣的伊本・巴圖塔（知名阿拉伯探險家），每一次實地的探索見聞，都成爲他不斷對照見證累積多年的印度習得。

也因此誕生了眾所期盼的《走入大絲路南亞段 印度不思議 世界遺產紀行》一書，吳德朗老師將其畢生對印度所見所學所聞一一節錄在此書中。身爲協助書籍校正者，因而特權成爲第一線讀者，在吳老師一篇又一篇洋洋灑灑的文稿中，彷彿掉入了印度奇幻之旅，重新與印度戀愛了！在『象神埃勒凡塔石窟』、『太陽神廟』、『克久拉霍性愛神廟建築群』等文中，看到了生動活潑的印度神祇寧靜與恩愛的意象；『菩提伽耶寺院』、『玄奘納蘭陀大學考古遺址』等文讓身爲佛教徒的我，重新了解佛教聖地的起始。被遺忘的『占巴內 - 帕瓦加達考古公園』絕對是此書的亮點之一，而舉世聞名的『泰姬瑪哈陵』在此書中也提供了獨特非凡的視野。

《走入大絲路南亞段 印度不思議 世界遺產紀行》一書共收錄了 28 件世界文化遺產，代表印度不同面相，客觀書寫紀錄中帶有軟性隱形的引領，是欲探訪印度歷史、文化、建築和旅遊的讀者的金色筆記書。誠心推薦給所有印度愛好者。（此文作者爲中原大學語言中心講師、南亞文學文化研究者、印度古典舞蹈舞者）

भारत

瑜珈與佛法的足跡

呂麗慧

多年前為瑜珈及佛法研習而踏上印度，卻在無意間開啟了與印度、文化、藝術的連結，一步一腳印，由東到西，從北到南，有驚訝也有歡樂、有心痛也有感動，常常在夜深人靜之際，反覆吞吐思索這偉大又神秘的文明古國，是怎樣的魔力呀！讓我們自我期許還要再回來這片亂中有序、繽紛寬闊的土地？

難道是豔麗多彩的紗麗？羞赧的笑容？討價還價的市集？震天價響的喇叭聲？摩肩接踵的人群？迎面而來的好奇眼神？吸引著目光貪婪眷戀不捨移轉……，又或是人間仙境喀什米爾？湍急神聖的恆河水？高聳入雲霄的喜馬拉雅山？筆直入雲際的大道？閒適的果亞沙灘？恬靜喀拉拉洄水泛舟？駐足不前又流連忘返。

亦或是被不管世事的梵天？神廟殿堂上手捻蓮花的毗濕奴神？宇宙之舞流傳於世的濕婆神？選上還會再回來這方土地的遊子？我心裡笑著百思不解呀。

手捧著一杯充滿香氣熱熱的奶茶，緩緩綴飲，看著裊裊上升的熱煙，且讓思緒停住享受這屬於印度的一刻鐘。

今日有幸為吳德朗老師新書《走入大絲路南亞段 印度不思議 世界遺產紀行》擔任校稿文書工作，一邊校稿一邊在腦海中深藏的印度記憶，隨著每個景點又再次鮮明的在腦海中跳躍；吳老師長期涉獵印度宗教、文化、傳統及歷史……等，凡事穿越時空追本溯源，將典故來龍去脈言簡意賅的呈現在這本書裡面，字裏行間充滿他對印度這片土地的熱情；校稿期間我們也因為討論，每每轉變成互相交流在聖地的旅遊經歷，忘了時光流逝，編輯聲聲催呀（笑）。吳老師宛若一本活體印度百科全書，一談起印度就如滔滔江河，深邃又寬廣，讓人悠遊其間；且看他如何在這本書內如何為您慢慢剝除神秘印度的面紗，為您導讀《走入大絲路南亞段 印度不思議 世界遺產紀行》。（此文作者為第七屆新月文學非穆斯林散文獎優勝得主）

भारत

印度印象

王慶中

對印度的印象初始不佳乃因二十年前就開始有六次為商務赴印的經驗，飲食不慣及賤民睡滿地等現象讓，很不想再去印度。2010 年因黃建忠老師要帶一個不丹團，毅然報名參加了這個幸福國度之旅，行程後段經印度的錫金、大吉嶺及加爾各答隨後乘機回國，這讓我對印度的印象開始改觀。接著 2011 年及 2012 年又連續跟隨黃老師走中南印及克什米爾——拉達克行程，漸漸的對印度文化有多些了解，也就越來越愛去印度。印度幅員廣大，山川多姿，宗教活動及建築誇張多彩，種族複雜且大多數人仍身著傳統服飾，對攝影人而言是極俱吸睛作用的。從此有了理由去愛印度，是因為每趟總得多帶記憶卡讓攝影的收獲滿滿，至於那些對印度感覺不快的種性制度及髒、亂等問題逐漸感覺逐漸消逝了。

2016 年再隨吳德朗老師帶團的印度中央邦之旅，而有了一個更深層的改觀，其主要的行程是在卡修拉荷的一位婆羅門醫生家庭一起過新年作深度的參與體驗，有一天則陪醫師去其父的鄉野祖厝作拜訪，對印種度的階級觀有新體會是因體驗到其婆羅門老父的風範，慈祥高貴的老爺善待鄉民且深受鄉民的愛載，村裏的家家戶戶整潔並在為新年牆上新漆，村民前來老爺家祈福並在家前辦了場為我們迎賓歡唱熱鬧，村中的小孩入院與我們聚會並唱歌表演讓，因此有機會拍了許多印度小孩的影像。吳老師與這位醫生的奇遇過程及相知讓，相信靈的存在，不知是醫師家附近的溼婆廟神靈或吳老師身上的印度先靈讓他致力深研印度的歷史文化並在臺灣推廣印度文化已歷 20 年而仍樂此不疲，今日吳老師有機會由天下雜誌出版《走入大絲路南亞段 印度不思議 世界遺產紀行》編一書乃是水到渠成的結果，印度在改變中，種性制度已在憲法中明文去除，我們對印度的印象也應改變。至於我，則更愛印度了！且想再去許多未到之處去拍照，雖然對印度的辛香料理還是不習慣。唉！只要餐餐有烤餅能吃就去吧！（此文作者為知名專業旅遊攝影師）भारत

世界遺產的大千世界
——印度

吳德朗

世界文明古國——印度，歷史悠久璀璨迷人，坐擁距今幾萬年前的比莫貝特卡石窟（Rock Shchoes of Bhimetka）及史前時代人類留下的無數宗教儀式、舞蹈、狩獵等洞穴壁畫。

4600 年前與青銅器時代同期的印度河文明，於摩亨佐達羅（Mohenjo-Daro）及哈拉巴（Harappa）兩地挖掘出的土墩磚塊等遺蹟中，發現了井然有序的公共建築、住宅區、先進技術的下水道及公共浴室建設等等。其中多達 700 口井，包含『圓柱形磚襯井』，被考古學家認為是印度水井（Stepwell）的前身（注：帕坦王后階梯井）。

摩亨佐達羅遺跡是世上稀有的古老城市文明。在遺跡還發現豐富文物及珠寶首飾，其中包括狀似印度教濕婆神與女神的雕塑以及其他崇拜的遺跡，可說是後來印度宗教信仰發展的臍帶、印度次大陸世界遺產的濫觴。

西元前 1500 年左右，亞利安人帶來的吠陀文化，同化了印度本土的信仰，豐富了印度教論述。印度教中的兩部偉大的史詩：《摩訶婆羅多》和《羅摩衍那》所衍生出的神話故事，成為印度教建築的魂魄。印度人相信古老的風水術（Vastu）是自然界的力量，是宇宙大磁場能量之源；是印度教、佛教寺廟及住宅建築必需遵循的和諧平衡建築法則。建物必須與大自然界中的空、風、水、土、火不可缺的五大元素達到平衡，才能處於和諧穩健的狀態。

印度的香料、光彩炫目的鑽石及各式奇珍珠寶，自古以來就讓世人難以抗拒。從古羅馬帝國到拜占庭、希臘人、猶太人、葉門人……各國人馬紛至沓來到印度從事香料貿易；悲喜交加的過程中刻畫出印度大地經歷幾千年的歷史。

1453 年拜占庭帝國被奧圖曼帝國打敗後，印度的香料由穆斯林壟斷。1498年葡萄牙 Vasco De Gama 繞道非洲好望角，找到通往印度香料的另一條道路。不

久，葡萄牙占領了果亞，開起了大航海時代序幕。

接著其他的歐洲人，如法國人、荷蘭人和英國人成立了東印度公司，在印度各擁有一片天。最後由英國人幾乎殖民了整個印度次大陸，這些外來殖民者帶給印度人的痛苦記憶難以論述。即使印度於1947年宣布獨立，曾經的外來政權帶來了不同的信仰如基督教、天主教及伊斯蘭教等宗教文化也早已在印度生根。

建於西元52年的聖多馬的教堂及建於西元629年的清眞寺至今仍然是信徒的聖地，二教在印度有成千上億的追隨者。

另外一支從中亞過來的德里蘇丹及蒙兀兒王朝對傳播伊斯蘭文化的力量更是無遠弗屆。

這些外來政權或殖民帝國從宗教信仰、詩歌音樂、語言文學、飲食及服飾等方面，都已深刻影響了印度的文化樣貌。歷經千百年的對抗到融入，當年的異族文化早已成爲印度文化中不可分割的一部份，也反應到世界遺產建築風格上。早期的德里蘇丹王朝，其建築遺產仍然充滿了母國唯我獨尊霸氣；到了蒙兀兒王朝，建築師開始融合伊斯蘭和印度的在地元素且呈現出兩者的平衡點。不但以此彰顯外地政權的合法化，融合建築也成爲統一印度各方立場的黏合劑象徵。

英國殖民政府在早期建築風格上主要也是顯示強固帝國的威權；然而到了19世紀，在歷經了1857年的印度民族起義前後，逐漸推出了更多的印度-薩拉遜及蒙兀兒式的混搭風格建築。至於葡萄牙在1510年占果亞，葡國當時政權穩固，一心將果亞打造成天主教亞洲的前進基地，堅持葡萄牙及羅馬歐式的建築，成爲印度另一種風景。

如今印度文化遺產、自然遺產、非物質遺產，截至2018年6月，印度有49個遺址，位居世界第6位，是世界遺產大國之一，而這些多元的遺產，正反應了印度幾千年來豐富多元的傳統知識和寶貴的見解，保持了人與大自然之間微妙的平衡。而如此印度引以爲傲的「多樣性的統一」正符合聯合國評量世界遺產的價值標準理念一致。

爲了便於閱讀，筆者將這本紀錄印度文化遺產書籍，依其屬性分成是五大類別：印度教、佛教、伊斯蘭教、殖民時代及其他，詳細參考附件如後。

誠如各宗教及統治者之間的考量及美學品味，上述的屬性並非一板一眼而是鮮明跳躍的。比如：桑吉佛塔原貌源起於阿育王佛塔，到了異加王朝及百乘王朝時，又添加了陀蘭那牌坊（Tarana），其橫樑和柱子上皆雕刻了細膩生動的犍陀羅與希臘寫實藝術風格的佛教本生教故事雕塑，成了佛教無相到有相的美麗邂逅。

三教共容的埃羅拉石窟 (Erollra Caves) 讓印度教、佛教、耆那教看似各自信仰的

偶像背後，也能找到相似風格的斧痕。

　　Ahmadabad 城市遺產的地下井，是伊斯蘭的國王為討好印度教皇后所興建的建築。建築中將印度教和耆那教的圖騰交互其中，呈現出令人嘆為觀止混搭的風格。

　　位於阿格拉的泰姬陵，外貌看似中亞伊斯蘭建築，但認真仔細的印度教建築美學家可從泰姬陵本體建築細節中找到與伊斯蘭與印度教之間的美學連結。因此，印度教甚至還企圖從伊斯蘭教的管理權機構中奪回經營權。另外，泰姬陵的美麗庭園還是世界最大的波斯庭園。

　　朱羅王朝獨尊印度濕婆神的大廟，也不知何因故在其地下室出現佛教的雕像，這些都是印度相互影響的多元文化呈現，在彼此間或其中找到有趣的脈絡。這源於印度人對多元信仰尊重包容的傳統，也是印度遺產有趣的亮點。

　　在印度世界遺產中有 2 位不得不提的外國人，其中是知名的玄奘法師。他在印度求法 19 年，帶 657 卷經文回唐朝，且請求唐太宗設立譯經院。然而，皇帝對於玄奘多年來訪問印度次大陸及中亞 100 多國的風土民情的見聞更加有興趣，也藉此資訊作為唐朝拓展與中亞絲綢貿易及做為版圖開拓的參考。最終玄奘口述弟子辯機，終始完成了這部的稀世奇書《大唐西域記》。此書於 1875 年譯為外文之後，英國考古學家康寧漢（Sir Alexander Cun-

ningham，1814-1893 年）便根據此書作為他考古的寶典和指引，結果大有斬獲。原本康寧漢是以印度教的往世書（Purana）的梵書文本為考古的藍本，卻絲毫沒有幫助。

　　他得意滿滿的說：根據玄奘《大唐西域記》除了挖掘到的佛教遺址，在附近也找到其他印度教的遺產。康寧漢後來成為於 1861 年設立的印度考古學會（The Archaeological Survey of India，ASI）創始人，為印度考古學立下汗馬功勞。印度有其不凡的考古學，其基礎始於康寧漢爵士。

　　曾經有考古學家打趣的說：印度對考古學而言是取之不盡的寶山；以出土古物順序通常最上層是英國，其下是伊斯蘭蒙兀兒，接著是印度教，最後面是佛教了。

　　很多學生朋友問我，到底印度世界遺產有多少？我喜歡說；印度有多大，那印度世界遺產就多大！的的確確，除了書中 UNESCO 列名的世界遺產外，印度暫定名單遺產遺址也有 43 件，遍及印度大陸的古建築遺產更是成千上萬不計其數。筆者有幸，除了 2016 年與由勒・柯布西耶設計的昌迪加爾國會大廈這件世界遺產失之交臂外，我踏踏實實走訪了印度 UNESCO 列名的所有景點。且前往中亞伊朗多次，試圖了解瑣羅亞斯德教、波斯文化和印度教吠陀文化的淵源。也幾乎走訪了泛印度文化圈的東南亞之印度教佛教擴散

的世界遺產；同時仿效玄奘法師由長安出發往敦煌、蘭州、洛陽到西域「絲綢之路」的啟始段行走。

到這些文明悠久之處旅行，使我回過頭來對印度有另一番不同的視野。這讓我在打造臺灣第一座印度博物館以及撰寫這本印度世界遺產書籍時，能夠注多方吸養份和靈感。

印度是我的最愛；從策劃印度文化節、寫書、講課旅行，馬不停蹄的走了快 20 年了，深深地感到：你以為你懂了很多，不懂的更多，永遠是以有涯隨無涯，殆已！

憑藉著我「自不量力」的人生哲學，接下來還會有《印度非物質遺產及表演藝術》、《外印度的印度世界遺產》以及《印度世界遺產潛力點》等相關書籍產生。印度文化廣闊深似海，如有來生，再輪迴七世，看能否盡其功！

但必需提醒讀者，印度每一個世界遺產都豐富到足以單獨出一本書的份量。筆者並非考古學家、歷史學家或是宗教學家，這本書出現的缺失在所難免。

期望讀者因此書起心動念，選出一些喜歡的主題，動身走幾回印度之旅，必有所獲，此為我出書最大的喜悅。

《走入大絲路南亞段──印度不思議世界遺產紀行》從古建築藝術、建築及美學、宗教、歷史人文等林林總總的綜合藝術外，你還可以看到如埃羅拉第 16 石窟凱拉薩神殿之人類建築奇蹟工程之作。

印度幾千年的歷史，混沌不明的傳說多過歷史。然而，世界遺產不僅使印度人找到國族信仰認同，也因康寧漢對佛教佛址的考古，讓釋迦牟尼的人間佛陀的真實性找到更為堅定的信仰。

近年來，印度公共外交部的 ICCR 及旅遊局，將豐富的世界遺產轉化為外交及觀光資源，大大提升印度的國家形象。印度幾百年量累積紮實的考古學更值得世人借鏡。

最後，感謝中華世界遺產協會的楊方理事長，於 2003 年引領我從印度文化進入世界遺產──印度的世界；星球旅行社林婉美女士一直提供旅行及綿密的玩家講座，使我有不進則退的動力。感謝我國駐印度的田光中大使的厚愛及鼓勵。中興大學好友陳牧民教授，古文明專家黃建忠老師，南華大學的釋覺明助理教授等人的推薦賜序。感謝我的好伙伴呂麗慧及劉季音全心盡力為我潤稿。王慶中先生，李松勇、陳國瀚等好友的攝影大作，黃秋容設計師的插圖，使書可讀性大增。

最後，我要感謝夢想基金會蔡聰明先生從 2003 年的印度文化節到 2017 年開幕的夢想印度博物館義無反顧的支持。沒有他，沒有印度我的人生大不同。भारत

何謂是世界遺產？

世界遺產地是一個具有特殊文化意義，對人類具有突出普世價值的地方。它可能是建築物、城市、建築群、沙漠、森林、島嶼、湖泊、紀念物或山脈。

總部設在法國巴黎聯合國教育科文教組織（UNESCO）列出世界遺產名錄，當遺址被列入世界遺產名錄時，產生的聲望有助於提高公民和政府對遺產保護的認識。提高認識可以提高對遺產的保護和維護水準。申請成功的國家還可以從世界遺產委員會獲得財政援助和專家建議，以支持遺址的活動。從而促進該國的旅遊業。

教科文組織世界遺產在印度

印度考古調查（ASI）是世界遺產地提出任何文化或自然遺產申請的專業機構。根據中央或州政府機構以及管理信託等提出的建議，經過審查後，政府將提名檔案轉交世界遺產中心。

印度現有 35 個遺址，其中包括 29 個文化遺產，7 個自然遺址和 1 個混合遺址，已為世界遺產地。

印度已被聯合國教科文組織授予世界遺產的名單如右：

印度世界遺產地圖

西姆拉鐵路

由勒阿布希耶建築 ⑳ 胡馬勇陵園 ㉔

⑰ 古德卜明納
⑱ 里紅堡

拉賈斯坦山脈堡壘
奇托格爾堡 ⑦
貢珀爾格爾堡
齋沙默爾堡
倫塔波爾堡
賈加龍堡
琥珀堡

簡塔曼塔天文台

法第普思克里 ㉑ ⑯ 阿格拉紅堡
⑲ 泰姬瑪哈陵

大吉嶺鐵路 ㉔

那爛陀大學

帕坦女王井 ⑨
艾哈邁達巴德名城

⑧ 卡朱拉候

菩提伽耶 ⑭ ⑫

⑬ 桑吉佛塔
賓貝地卡石窟

占巴內考古城市 ⑮

太陽神廟 ⑩

⑪ 阿旃陀石窟
① 埃羅拉石窟
象島石窟 ② ㉒ 維多利亞火車站
㉕ 孟買維多利亞建築

⑥ 帕塔達卡建築群
④ 漢皮
果亞教堂 ㉓

⑤ 馬哈巴利普蘭
尼爾吉里鐵路
㉔ ③ 朱羅寺廟
Brihadisvar寺
Brihadisvar寺
Airavatesvara寺

印度世界遺產地圖示意圖碼
UNESCO 1983到2018年

印度教	Hinduism
佛教	Buddhism
伊斯蘭教	Islam
殖民時代	Colonial era
其他	other

印度文化遺產共計29件

設計：黃秋容

印度教

Hinduism

埃羅拉石窟

三教共享的宗教聖地

埃羅拉石窟位於印度西部馬哈拉什特拉邦（Maharashtra State）重鎮，奧朗加巴德市（Aurangabad）西北方約 25 至 30 公里處，其雕刻主要展現大乘佛教末期的特徵。

埃羅拉石窟第 16 窟正門西

Ellora Caves

馬哈拉施特拉邦，奧朗加巴德市
座標：N20 1 35.004 E75 10 45.012
指定日期：1983 年
標準：(i)（iii）（vi）

埃羅拉的 34 座石窟中包括了佛教石窟 12 座、印度教石窟 17 座、耆那教石窟五座，全長約 2 公里陡峭的岩壁洞懸崖，建築工匠群在緩坡前打造精緻的庭院，是以超現實的雕塑宣揚信仰的神殿。其中，第 16 窟凱拉薩神廟以無以倫比的精湛工法達到一種天人合一的圓滿意境，堪稱建築藝術史上絕無僅有的印度神廟。埃羅拉石窟是古代印度岩石切割建築的縮影，也是後世印度宗教建築的百科全書。

西元前 3 世紀於印度、尼泊爾邊界，印度教王朝王子悉達多在菩提樹下證道成佛後，便開始向世人傳達明心見性、解脫輪迴等教義真理。

逐漸萌芽的佛教開始由北往印度南部傳播，趁著南印度各王朝的國力威望，佛教文化隨之外傳，並逐漸在斯里蘭卡、緬甸、泰國、印尼等地發揚光大，影響了南亞與東南亞各地的信仰、文化、建築特色。西元 7 世紀後，印度教再度興起，佛教逐漸式微，因此，南印度埃羅拉的佛教與耆那教石窟的建築風格及雕刻，不免也融入了印度教的色彩。

埃羅拉石窟位於古代西海岸之間的一條重要的貿易路線附近，起源興盛於西元 5 世紀至 11 世紀時期。大體而言，這些石窟陸續完成於中印度遮婁其王朝（Chalukya，6 至 12 世紀間）及羅濕陀羅拘陀王朝（Rashtrakuta，6 至 10 世紀間），由遮婁其氏族的諸侯建立，王朝早期的君王多為印度教教徒，但後期君王則受耆那教的洗禮。

同一時期，另一個著名的世界文化遺產象島石窟位於孟買近海，主要展現印度教風格為主體。現存島上石窟內的雕像，大多是印度教毀滅之神濕婆（Shiva）的形象。雖然三王

洞穴 12 坐佛

朝的君主都是虔誠的印度教徒，但是對其他宗教，包括佛教和耆那教皆採取寬容態度，允許這些宗教在自己的領土內傳播開來。

佛教石窟

石窟南段第 1 至 12 號窟屬於佛教石窟，於西元 5 至 7 世紀之間開鑿出，當時大乘佛教在此地區得到蓬勃發展。其中第 10 洞窟，可說是埃羅拉石窟群中的最大規模。

第 10 洞窟毗首羯磨石窟（Vishva-karma Cave）是一個支提窟（英文為 Chaitya，為佛教中的設有佛堂大廳的塔廟，以容納眾多僧侶入內修持、聽聞佛法），該石窟也被稱為「木匠之窟」，以

其石窟頂部仿造木桁式肋拱頂的設計而得名，是當地唯一的支提窟。10 號石窟為雙層建築，為了方便前來造訪的僧侶，同時具備僧房功能，足見當時佛教的盛況。窟門立面中央上方雕有大型支提窗，其造型是從早期尖拱馬蹄形演化成三葉拱窗（trefoil-arch）的樣式，窗孔兩側綴飾三人一組相對飛舞的飛天（Gandharvas & Apsaras）浮雕及美輪美奐的雕刻品。

富有歷史價值的第 12 窟，是由當時的工匠胼手胝足建立的一座三層樓的建築；歷經艱苦的工序，呈現出整平光滑地板和天花板的岩石。其中天塔拉窟（Teen Taal）是一個塔廟窟及僧舍，完成於 8 世紀中葉的羅濕陀羅拘陀國王克利希那一世。

坐在獅子寶座上觀世音菩薩或是阿彌陀佛

羅萬那搖動凱拉薩山

印度教石窟

建於 6 至 8 世紀之間，對於首個鑿窟的工程考古學家有不同的論點：大體上開始於第 28、29、27 與 19 窟，所有的結構都代表了不同風格的視覺創意和技術執行能力，有些建築工序相當的複雜，得經過幾代人的協調與合作才能完成。

其中的第 16 窟凱拉薩神廟（The Kailashnatha），石窟高達 33 公尺，長 50 公尺，建於西元 8 世紀晚期，是埃羅拉石窟中最重要的石窟。廟本身呈現出高大的金字塔式結構，讓人聯想到南印度達羅毗荼神廟（Dravidian Temple），為廟塔型的建築。其以繁複的石刻創造出神明、國王、勇士等立體神像，是印度岩鑿神廟的顛峰之作，堪稱世界建築藝術史上絕無僅有的遺址。

凱拉薩神廟相傳是羅濕陀羅拘陀國王為紀念戰爭勝利，建了這座祀奉印度三大神之一的濕婆神廟，總動員 7000 多名

吉祥天女神 lakshmi

主殿牆（外部）的雕塑板－羅萬那搖撼凱拉薩山

高 17 公尺的凱拉薩塔柱

工匠，前後共費時超過百年。整個工程以鏤空垂直由向下雕刻整塊山岩鑿成，修造過程中移走 240 萬噸岩石。神廟的裝飾雕刻鬼斧神工、壯麗豪華，實屬人類的建築壯舉。石窟中門廊上有著魔王羅萬那搖撼凱拉薩山（Ravana Shaking Mount Kailasa）、神鷹力戰羅萬那（Jatayu Fighting Ravana）、濕婆神的宇宙之舞（Dancing Shiva）等充滿神話戲劇張力的浮雕。其中建在兩層樓平台上的濕婆神廟最初塗有厚厚的白色石膏層，使其遠遠望去有如一幅被白雪覆蓋的景緻。至今這些遺留在洞內的仿雪膏藥的痕跡猶然依稀可見，另外還有惡魔王不自量力試圖抬起凱拉薩聖山的有趣意象。無疑的，第 16 窟為埃羅拉石

窟群最高的建築造詣，也是觀光客最流連忘返的洞窟。

而第 15 窟原做為佛教寺院之用，整體設計與第 11 窟、12 相關連。石窟上層的大型雕刻石版則點出了彼此間的關聯，同時也以印度教三大神之一：毗濕奴神的十大分身為主題。根據印度教神話傳說，釋迦牟尼佛為毗濕奴神的十大分身之一；祂轉世為佛，以昭告世人不分階級皆可解脫輪迴。

而第 15 窟之所以被稱做埃羅拉「最令人激賞的洞窟」，在於該窟石刻描繪了毗濕奴神的人獅化身，殺死了渴望權力和力量的阿修羅（Hiranyakashipu）。

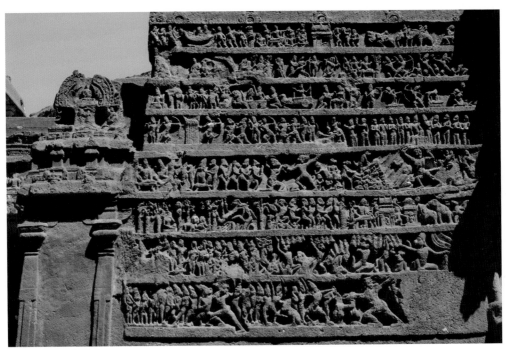

羅摩衍那史詩浮雕

耆那教大神巴霍巴厘立姿打坐

耆那教石窟

位於北段編號第 30 至 34 號窟耆那教石窟，共有 5 座，建築上非常精緻，有裝飾柱、天花板、門廊和外牆，是由耆那教創建於西元 8 至 10 世紀完成的。

第 34 窟形式上仿印度教石窟，但規模不如其宏偉壯麗。第 30 窟是深受印度教第 16 窟凱拉薩神廟的啓發，從天然岩石中鑿出佛像作品，但規模小，雕刻的活力難以比擬。

第 32 洞窟爲最後被挖掘出的石窟，建築雕刻最爲精美華麗。在雙層列柱大殿的壁龕中，有一尊高達 17 公尺的尼犍子石雕像，耆那教創教始祖筏馱摩那坐於蓮花台，蓮花台下有金剛座，爲印度耆那教第 22 代祖阿利濕塔米內的作品。另外，

耆那教兩位大教長——巴濕伐那陀和戈摩達希瓦爾的雕像是裸體像，腿臂上纏繞著藤蔓，長髮披肩，象徵著耆那教苦行不渝的精神見證。

寬容慈悲的埃羅拉石窟

埃羅拉石窟群爲保存完好、排列有序的遺跡，以不間斷的序列建造而成；它不僅見證了佛教、印度教和耆那教三大宗教的發展，也昭示了當時各宗教藝術家、地方士紳在技術上與資源上通力合作開鑿，眾志成城，致力於佛教的虔誠。這使得埃羅拉石窟成爲印度教、耆那教的合一聖地，在此體現了眾神共同要求慈悲的和平的願望。這種寬容的精神舉世罕見，亦成爲給世世代代後人緬懷先人智慧及德行的美好象徵。☗

耆那教大神巴霍巴厘立姿打坐

象島石窟

鬼斧神工曠世鉅作

象島（Elephanta Island），也稱爲「Gharapuri」意爲「洞穴之城」，是令人驚嘆的象島石窟文化（Elephanta Caves）所在地。這小島上遍佈著許多古老的遺跡，爲豐富文化的歷史見證。

Elephanta Caves

馬哈拉施特拉邦，科拉巴區
座標 N18 58 0.012 E72 56 8.988
銘文日期：1987 年
標準：（i）（iii）

埃羅拉石窟群

從孟買印度門（Gateway of India）乘坐渡輪約莫 1 小時，神秘美麗的象島就在眼前。島上樹木茂密，種有芒果、棕櫚樹和羅望子樹，對比喧囂的孟買，寧靜帶有神聖氣質的象島必令你心曠神怡。

6000 萬年前，印度中部的馬哈拉施特拉邦的在西高止山脈發生火山爆發。大量火山灰冷卻後形成玄武岩，累積成爲天然豐富、適合作爲藝術雕刻的原料。基於此得天獨厚的自然條件，以闡揚原始佛教、印度教、耆那教等宗教文化的洞窟藝術雕刻創作如雨後春筍般紛紛出產。如：著名的阿旃陀石窟（Ajanta）、埃羅拉石窟（Ellora）或象島（Elephanta）、久納爾石窟（Junnar Caves）、坎拿里石窟（Kanheri Caves），卡爾拉石窟（Karla Caves）等等。這些獨特且極具造詣的洞窟文化群成爲馬哈拉施特拉邦獨有的藝文景緻。

象島洞窟藝術獨特之處可從其罕見的切割和雕刻等工法一探究竟。象島洞窟內多有一體成型精美的雕塑巨作，其巨石切割工法令人嘖嘖稱奇。當時的工匠並沒有起重機或石頭切割機等相關工具可使用，亦可在艱難的洞穴環境中雕琢出出一個個精彩的洞窟藝術，令站在象島石窟跟前的現代人嘆爲觀止。最初的石窟石刻有些被後世漆成了鮮豔的顏色，如今也漆散，只留下痕跡。

象島石窟

洞穴3（左）和洞穴4（右）。
洞穴較小，裡面的藝術作品
大多受損

傳說當地人相信石窟絕非由一般凡人所建造，而是由如《摩訶婆羅多》史詩裡的英雄般度族（Pandavas），或是非常強大力量的阿修羅（Asura）國王，才有可能完成這夢幻工程。

糾纏不清的神話歷史

考古學家在象島海灘上發現了羅馬式的掛耳陶罐（amphorae），充分證明象島曾是印度和羅馬之間貿易點，或爲古代燈塔和補給的供應站。因此，相信這個島嶼早在幾千年前已有人居住。原本石窟附近有一個銘文，說明洞穴的建造者，可惜在葡萄牙時代已經丟失。由於錯綜複雜的政權更替，要精確地說是哪一個年代開創已不可考。

然而，根據象島石窟的建築特徵及其細節研判，能推測出其製作時間點大約落在西元 5 至 8 世紀之間，應是由孔雀王朝之後的康坎尼族（Konkani）所建造的。當時的象島被稱爲普里（Puri）或普里卡（Purika），曾經是此地王國的首都。當時的國王卡拉丘里是提倡禁慾運動的濕婆教派的追隨者（Pashupati Shaivism），而象島主要洞穴寺廟也大多呈現濕婆信仰。

幾個世紀以來，這個島嶼歷經不同主張的統治者，都可能因其投入洞窟建設，而爲象島石窟帶來不同的風貌變化。

例如：在 6 世紀到 8 世紀間，統治這一地區的遮盧迦王朝（Chalukyas）和 8 世紀到 10 世紀間的羅什多羅拘多（Sashtrakuta）王朝，在其執政年代積極建造了許多寺廟與石窟寺。因而象島從建築、雕刻中呈現出各種流派的風貌和影響，窟中不乏許多精美的雕刻品留存。

近代葡萄牙統治和新時代

1534 年，葡萄牙人佔領象島，當時古吉拉特邦的巴哈杜爾沙二世（Bahadur Shah II）是其最後一位統治者。當葡萄牙人登陸象島後見到一座大象雕塑便稱之命名爲象島。此大象雕像在 1814 年倒塌，經過重組後，現在存放於孟買 Bhau Daji Lad 博物館的園區 。

在葡萄牙統治下的象島無疑經歷了大災難。不但島上人口減少，島嶼被森林覆蓋，連 1000 年洞穴裡的濕婆神廟也被遺棄了。最令後世感到惋惜的是，由於葡萄牙只將象島作爲具有戰略價值的暫時的前哨基地，洞穴寺廟中的古老雕塑被拿來當作練習射擊的標地物。這使得大多數雕像嚴重受損，象島逐漸被遺忘。

直到西元 1661 年，當葡萄牙人離去之後，葡萄牙國王約翰四世將孟買作爲女兒嫁妝送給英國人，從此象島成爲大英帝國的財產。當時洞穴寺廟仍處於廢棄狀態；此外，在地理環境上也有所變化。滄海桑田，原來在遍布在懸崖上的水道竄出了新的路徑，流入洞窟中造成石窟藝術品的損壞。接著，隨著歐洲人對東方藝術的狂熱，

象島塔石窟內

許多極具價值的雕塑變成私人收藏品，從此消失在世人面前，象島石窟也因此逐漸失去了它們的歷史軌跡。經過多年的磨難，石窟在 20 世紀才得以復修，密集的修繕工作落在 70 年代。1987 年，象島石窟成為聯合國教科文組織世界遺產，印度政府至此更加重視象島石窟文物的維護。

濕婆神的禮讚

大約在中世紀時期，印度婆羅門教演化成為印度教，也稱新婆羅門教，是 4 世紀前後吸收了佛教與耆那教等教義後所產生的印度教復興教，濕婆神是其主要崇拜的主神。所謂濕婆即為毀滅、苦行和舞蹈之神。

象島石窟主祭濕婆神，洞穴分為：主殿，東翼神社和西翼神社。位於主殿是著名的濕婆三相神（Trimurti）、魔王羅婆那搖撼凱拉薩山、濕婆雙性像（Ardhanar-ishvara）、濕婆婚禮（Shiva wedding）、宇宙之舞（Tandava）、濕婆承接恆河女神降凡（Gangadhara）、濕婆消滅黑暗之魔（Andhaka），和靈珈（Linga）等雕塑。東翼神社裡大多為濕婆神的眷屬群，如：濕婆二兒子戰神鳩摩羅（Kartikeya），大地之母瑪替卡絲（Matrikas），大象神（Ganesha）以及負責守護的守門天（Dvarapala）。西翼神社則包括了宇宙舞王塔羅闍（Nataraja）以及禁慾瑜伽士

（Yogishvara）等。這些都是印度人耳熟能詳的神故經典之作。

重點介紹如下：

（一）第一石窟：著名的濕婆三相神，座落於入口處的山坡上，面朝大海，是保存狀況最好的一座雕像。其連結的洞穴腹地面積約 1700 坪，高 39 公尺，深入玄武岩懸崖，原為印度教的崇拜場所。

濕婆三相神像約莫 7 公尺高，位於大殿南壁中央處，非常醒目又美麗，是石窟內最大的亮點。英國考古學家波西布朗（Percy Brown, 1872-1955）稱這雕象是「天才創造」，濕婆三相神雕塑幾乎可作為整個古印度的象徵。

濕婆三相神是集大梵天（創造者），毗瑟奴（維系者）和濕婆（毀滅者）三神於一身，嚴格的說此應稱為五面濕婆（Panchmukhi）。然而雕像只有三張臉，而其中二張臉是不露相的。按印度教的詮釋簡介如下：

石窟中最重要的雕塑是這三頭濕婆，代表創造、保護和破壞，又叫五頭濕婆 (Pancha-mukha Shiva)，有二個頭是隱藏的。

象徵著「毀滅」雕像左側爲陽性濕婆，張開大嘴頭髮圈繞蛇群，面目猙獰恐怖。

象徵著「創造」雕像右側爲化身陰性的濕婆，手拈蓮花姿態優美。

象徵著「保存」雕像位於中間，頭戴高挑的寶冠，臉部呈現祥和，寧靜與智慧。

象徵著「隱藏」眞理和至高無上的知識的力量。

象徵著「隱藏」維持世界的秩序和穩定，世人不會意識到祂的存在。

這五個面孔代表濕婆神的五種不同功能以及之於婆娑世界的作用性。整體來說，五面濕婆同時象徵著宇宙永不停息的創造與毀滅間的舞動。

（二）《羅婆那搖撼凱拉薩山》雕像在東側，描繪了魔王羅婆那將聖山，即是濕婆神的家（Kailasa）連根拔頂。這雕像極具醒世教化作用，濕婆家族無視魔王的挑釁，仍安穩坐在凱拉薩聖山上的意象，提醒世人始終保持謙虛與安住。其他還有象徵沙克達女性力量的雕像雖然破損嚴重，但天花板與牆壁的一些繪畫痕跡仍舊依稀可見。

位在4號洞穴中的濕婆神殿，其聖殿內有一個靈珈的雕塑，入口處有兩座雕刻的獅子圖像以及精緻巨大的守門神雕刻。

（三）《濕婆雙性像》（Arahanarishvara）位在南壁東側，濕婆化身爲半男

羅葛那搖動凱拉薩刪

半女的造型，象徵著宇宙合一的精神。根據印度教神話，大梵天（Brhnna）在創造宇宙時，因爲忽略了女性的角色而無法創造眾生，因此他懇求濕婆前來協助，並且創造了半男半女的神，雙性神讓男女可以合爲一體，象徵性能力的延續。

（四）《濕婆和帕爾瓦蒂的婚禮》（Shiva wedding）這幅石雕描述濕婆和帕爾瓦蒂的婚禮，帕爾瓦蒂站在濕婆的右側，兩人的身體微微互相依靠，彼此互相凝視著。雖然浮雕上帕爾瓦蒂的手已毀壞，不過可以想像出兩人在婚禮間牽手的情境，充分顯現出夫妻間優雅嫵媚的神態。

（五）《濕婆宇宙之舞》（Tandava）在北門廊側壁是知名宇宙之舞，爲剛烈貌，此舞爲保持宇宙平衡的創世紀之舞。也是濕婆神亦爲舞蹈之神的由來。

其他石窟景點

象島共有 7 個石窟，其中 1 號石窟最爲重要。洞穴 6 號和 7 號洞穴距離較遠，遊客不常光顧。在 7 號洞附近可以看到許多佛教佛塔。儘管第 2 和第 5 洞未完工，仍足以呈現出洞穴的精緻規劃和原始構造。

3 號洞是一個大規模的洞穴群，擁有巨大的緩衝支柱。其通向內部凹槽的門板雕刻華麗精美，但由於已大量損壞，無法正確解譯其原本的內容爲何。

濕婆是舞蹈之神 -Nataraja

連結悠久工藝的傳承。象島的石窟藝術由大量的石柱群組成，其不同部分的設置和整體規劃，是根據古老風水系統，韋達建築能量學（Veda Vastu）的傳統設計佈局而成。其用意在於創造出順應自然

濕婆的婚禮／濕婆和帕爾瓦蒂

的建築空間，是爲建築美學和和靈性雕塑藝術的結合。此建築充分對應印度藝術理論中，關於視覺與美學的審美趣味拉刹（Rasas）概念，將印度教的信仰和符號學（semiotics）哲學發揮的淋漓盡致。透過觀看神像的視覺及空間等的多重感受，來喚起人們對信仰的感動，進而創造出令人耳目一新的石窟文化，影響後世甚巨。正如美國文學家哈羅德布魯姆所說：「創意必須與傳承相結合。」印度豐富的遺產中，象島石窟是一個不可或缺的連結，甚至在幾個世紀之後仍然是印度藝術靈感的重要源泉。

自從在世界遺產名錄上登記以來，象島石窟得到了很好的維護，對紀念物的結構穩定有極大的幫助。然而，埃勒凡塔石窟岩石受到極端氣候及海鹽水的侵蝕風化影響，日漸受損，因此相關的對應保護措施刻不容緩。

活動

每年 2 月，島上定期舉辦一個促進孟買文化音樂節和島嶼建築遺產的節日，廣邀來自世界各地表演者參與盛會，是參觀奇妙島嶼和壯觀石窟最佳時刻。●

輝煌時代
偉大的朱羅生活寺廟

位於南印度的朱羅王朝是印度史上為期最久的王朝。朱羅的歷史記載始於泰米爾的岩文獻（Sangam），可追述到西元前 1 世紀阿育王孔雀王朝時期的銘文。

婆羅門祭拜

Great Living Chola Temples

泰米爾納德邦
座標：N10 46 59 E79 7 57
指定日期：1987 年及 2004 年
標準；（ii）（iii）

於7世紀初，唐代高僧玄奘造訪古都烏尤爾（Urayur），在《大唐西域記》中稱朱羅為「珠利耶國」。到了西元9世紀，帝國遷都到58公里外的坦賈武為新都，位於神聖肥沃的卡維利河（River Cauvery）河畔。

朱羅王朝在9世紀至13世紀期間國力最為強大，特別是在羅茶羅乍大帝（Rajaraja）和其子羅茶羅乍二世在位時期達到巔峰，成為印度次大陸的強國。羅茶羅乍大帝畜養戰象6萬，每頭戰象高2公尺，出征所向披靡。為了將韋蓋（Vaigai）與帕瓦地（Parvati）2條聖河引入坦賈武來淨化當地的水質，他不惜出征北方的潘地亞（Pandyan）王朝，攻佔其首都馬杜賴。朱羅王朝同時也是印度前所未有的海上帝國，擁有千艘船艦，當年帝國向東方世界宣布「從印度恒河到南亞和東南亞，皆為我的勢力範圍」，並承擔區域的貿易秩序，同中國建立友好關係，打擊海上強盜，維持區域共同利益及安定。為了香料貿易，朱羅帝國的海軍曾襲擊三佛齊的城市，同時征服了南印度半島，包括了緬甸及斯里蘭卡，佔領了吉打及馬爾代夫的島嶼。國勢如日中天，一直到了13世紀才衰退，為北方崛起的潘地亞所取代。

朱羅王朝寺廟文化

　　朱羅王朝留下了豐富的遺產，包括對泰米爾詩歌文學的支持，以及對建造寺廟的熱情，造就了偉大泰米爾文學作品和建築源源不斷的產生。朱羅國王尤其對印度廟無比崇拜和熱情，因而當年的坦賈武被世人譽為千廟之都。王國的寺廟不僅作為禮拜場所，也是作為文化經濟活動的中心。朱羅印度文化深深地影響了東南亞的建築和藝術。在鼎盛時期首都駐有無數的婆羅門祭師，供養著超過 400 位的神廟舞姬（Devadasi）以及近千名音樂家。另外，還有圈養千頭的乳牛作煉油供寺廟的油燈所用，以及為寺廟所需的花的採花師等等。這些為神服務者備受禮遇，知名的舞姬還會被國王賞賜宅第。而這些舞姬即為後世印度古典舞蹈的濫觴。由朱羅王朝在印度南部地區和鄰近島嶼各地廣建印度寺廟。羅茶羅乍大帝是濕婆教的追隨者，但他對其他信仰也相當寬容。他也為保護神毗濕奴建造了幾座寺廟，並協助三佛齊國王建造佛教寺院；這使得當時出現了印度廟的大寺裡有著兩個佛陀雕塑的奇觀。

朱羅大廟全景

朱羅王朝寺廟

今日坦賈武仍然保有上百座廟宇，其中 3 座爲 11 世紀和 12 世紀所興建。寺廟爲朱羅帝國的政治文化活動的中心，主要官方儀式皆在此舉行。在當時眾多的寺廟中，由羅茶羅乍大帝在 1014 年起造的布里哈迪希瓦拉濕婆神廟（Brihadisvara）寺最爲雄偉，也被稱爲大廟。歷經千年，大廟仍然是坦賈武最活躍的寺廟，日常禮儀從未間斷，每年許多重要的節慶在此舉行。冬末夏季到來之前（2 月）的濕婆節（Shivarathri）最爲盛大，同時大廟也是泰米爾納德邦最受遊客歡迎的旅遊景點之一。

布里哈迪希瓦拉濕婆神廟

這座宏偉建築的建築始於 10 世紀，正是帝國的巔峰時代。大廟內刻有凱拉薩聖山，是濕婆神的住所，此設計不但展現了羅茶羅乍大帝的虔敬心，也展示了印度教高深的宇宙觀。金頂輝煌，規模宏闊的大廟至今無其他廟宇可予超越。

朱羅大廟入口三進門

瑰麗壯觀入門

大廟擁有 2 個巨大的砂岩拱門，左右兩端亦為放置濕婆神立雕的戈普蘭（Go-puram）。第 1 道具有 5 層結構的大門關是「喀拉拉的凱旋門」，顧名思義源於紀念喀拉拉戰役的勝利。凱旋門上雕畫著印度神話故事；而繼續往內的第 2 道具有 3 層結構拱門則被命名為「羅茶羅乍拱門」。

令人目不轉睛的石公牛

往內部走去，映入眼廉的是高聳的維摩那（Sri Virmana，含意是神在天上的宮殿）及正前方的石頭公牛，形成一個令人目不轉睛的獨特空間。重達 27 噸、一體成形的石公牛即為濕婆神的坐騎南迪（Nandhi）的雕刻，是世界第 2 大，令人驚嘆。此外，由天花板可欣賞到坦賈武爾風格的藝術繪畫。

朱羅寺門神

右上：印度聖牛
右下：朱羅大廟的石公牛

神秘聖所

寺廟中最神秘聖所（Sanctum Sanctorum）敬奉了一尊巨大的濕婆靈珈（Maha-linga），高3.5公尺，周長7公尺。據說，這是從納爾馬達河採取的石材，它的大小會逐年不斷增大，是座「會長大的廟」，此也是大廟名稱的由來。除此之外，濕婆靈珈所在的密室（Garbhagriha）會產生大量的電磁能量，據說對人的身心靈有益。原本只供皇室家族用作私人禮拜場所，如

今也只有貴賓才能入內瞻仰膜拜。在大廟最後方設有250多座靈珈，非常壯觀，田是印度獨一無二的靈珈田。在這聖殿內部的天花板和牆壁上繪有朱羅宮廷風格的古壁畫。

朱羅大廟正殿□

印度教哲學的塔廟 Vimanam

當訪客從羅荼羅乍大門塔進入寬廣的開放式庭院時，可遙望正前方維摩那的壯麗景色。當年國王將整個維摩那鍍以金飾，走過了千餘年後，如今鍍金早已失去了光澤了。

維摩那聖殿的建築結構為金字塔形，充滿達羅毗荼（Dravidian）風格特色。整個空間裝飾精美，有壁柱，壁龕和印度教萬神殿的神像，高 64 公尺，是一座巍然聳立 16 層高的建築。然而，13 層的斷層使得維摩那被縮小成頸部狀，最上方為圓頂高 3.7 公尺的錫卡拉（Sikhara）。圓頂的錫卡拉建築設計又稱為瑪哈梅魯（DakshinaMeru），象徵濕婆和其妻帕瓦蒂女神在喜馬拉雅山峰（Kailash）的居所。

世人很難相信高聳的維摩那建築地基僅有 2.3 公尺深。這也說明了朱羅王朝鬼斧神工的建築工法相當非凡，透過縝密精算，將塔廟可承載的重量平均分佈於地基上。

朱羅大廟側牆

大廟的建築奇跡

維摩那頂峰整塊堅實的花崗岩重量約 82 噸，被放置於 64 公尺塔頂峰上。在沒有起重及堆高等先進設備的 1000 多年前，他們是如何辦到的？

近代考古學家在塔廟附近發現約 6.44 公里長的原始斜坡的遺跡。推測當時的工匠透過這個長長的斜坡，以大象將石頭等建材放置在滾木上的平台，合力拖動而成。接著再逐漸加速，以溫和的 6 度斜坡

豬玀大廟

朝向太陽方位，並逐漸與塔頂在 66 公尺處的空中相交。據說這與古埃及人建造金字塔的方式大致相同。至於建築本體則展現出驚人如機械般縝密的精確度，這使得維摩那聖殿和大廟在歷經六次地震和大火的蹂躪後，依舊屹立不搖。大廟也列為印度教神聖的 7 大城市之一。

風水及精密的丈量

任何印度廟的建築必須依循印度古老的韋達風水空間的建築學為興建準則，其中也包括需要使用的吉祥尺寸，其中 24 個單位相當於 33 英吋。據說 5000 年前位於印度河流域的古代建築中也觀察到了類似的測量原理。

石材

寺廟的花崗岩結構精緻而宏偉，其石材來自於位於坦賈武爾北面 20 公里，建於朱羅國王，為現今世界上現存古老的卡拉奈（Kallanai）大水壩。大壩相依的卡佛裡河（Kaveri）所沖積出的三角洲平原，不僅是最肥沃之腹地，也是建城及建廟大部份花崗岩石塊的產地。大型花崗岩的採石場，大多距離寺廟超過 50 英里，因此不論大小多數石頭都是經由用訓練過的大象和馬匹或船移動的。

人類創造力的殿堂

位於大廟前方的廣闊空間設有多重的功能，其中阿朗甘（Arangam）是音樂和戲劇的舞台。寺廟的延伸外牆上刻有 81 個婆羅多舞蹈的姿態，令到此造訪的舞蹈藝術工作者流連忘返。不同角落處可看到部份石雕和青銅的藝術品；牆壁上刻有真人大小的偶像，如著名的宇宙舞王（Nataraja）、濕婆雙性像（Ardhanariswara）等。經典的濕婆神青銅雕像，展示了雄偉的創世記舞蹈；整體精緻的細節，無論是以石材或金屬創作皆可清楚地一目了然。建築師對雕刻物像整體比例精準拿捏，充分展現極大的和諧美學品味。而濕婆舞王像令人震懾的熊熊火環，象徵著毀滅和重生的宇宙之舞。大廟的每一吋建築工藝及每一壁畫都述說著朱羅王朝對宗教藝術和建築的熱愛。

令人驚嘆的空間

大廟長方型的中庭外以護城河的外牆做為大廟的防禦城牆，中庭的面積規模之大，可同時容納下美國參議院、凡爾賽宮、議會大廈和羅馬的聖保羅大教堂，可以想像大廟的雄偉空間。

結語

坦賈武的大廟為羅茶羅乍大帝最經典之作。位於大廟西南約 70 公里的小大廟（Small Brihadisvara）是羅茶羅乍二世模仿其父大廟的縮小版，於 1035 年竣工。小廟 53 公尺的聖殿維摩那具有凹角以及優雅的向上彎曲線，其獨特的風格與大廟形成鮮明對比。

另外，另一座亦為羅茶羅乍二世所造、位於坦賈武 40 公里處的愛拉瓦特士瓦拉神廟（Airavatesvara）。擁有 24 公尺高的聖殿塔和濕婆的雕像。寺廟是獻給濕婆神的，但也虔敬地展示毗濕奴神和女性力量沙克達（Shaktism）傳統，以及那牙那（Nayanars）聖徒奉行的奉愛運動（Bhakti）之相關文物。這寺廟也證明了朱羅王朝在建築、雕塑、繪畫和青銅鑄造方面有著輝煌的成就。

這三座寺廟於 1987 年到 2004 年間被聯合國合併稱為「偉大的活生生朱羅寺廟群」，列為共同世界遺產。聯合國評論：「這些古老的寺廟至今仍充滿生命力，是活生生的寺廟。延續了 1000 多年前所建立的寺廟崇拜和儀式傳統，每天、每周、每年持續不間斷的敬拜，已是人民生活不可割的部分。大廟是精緻的南印達羅毗茶出類拔萃建築的奇蹟，牆壁上的繪畫和銘文記錄了充滿活力的朱羅文學，也是南印度歷史上最具創造性的時代，亦是泰米爾的豐富文化遺產的黃金時代。

在 2010 年，南印度舉辦了慶祝大廟千年歷史的盛大活動。▲

石頭交響曲
漢皮古蹟集團

舉世聞名雄偉壯麗的漢皮（Hampi）古蹟群園區佔地約 26 平方公里，曾是南印度最偉大王朝毗奢耶那伽羅王朝之所在地，也是印度次大陸最後一個印度教帝國。

圖左：石戰車和維塔拉寺廟 Gopuram

Group of Monuments at Hampi

卡納塔克邦貝拉里區
座標：N15 18 51.984 E76 28 18.012
指定日期：1986 年
標準：(i) (iii) (iv)

圖右：金字塔狀五層廟塔

它有一個輝煌的名字，叫「勝利之城」，梵文稱爲毗奢耶那伽羅（Vijayanagar）。毗奢耶那伽羅帝國始於 14 世紀，於 16 世紀的克利須那德瓦拉亞大帝（Krishnadevaraya, 1509-29）達到頂峰。

帝國統治版圖涵蓋將近整個南印度；估計當時人口超過 50 萬，面積廣達 33 萬平方公里。帝國長達 200 年的盛世，建起了一座座宏偉的寺廟和美輪美奐的宮殿、氣勢磅礴的公共建築等。工商業發達，其棉花紡織、香料及冶金技術舉世聞名，堪稱爲物阜民豐的勝利之城，吸引著世界各地的商人和旅行家前來貿易、探索旅遊。

當年的帝都不僅是政經中心，也是知名的宗教中心。堅硬厚重的石頭和花崗岩上精緻的雕刻展現出驚人的建築藝術豐富的印度神話史詩故事的藝術記載，像是：神祇、凡人、動物或古時戰爭的場景雕刻，莫不栩栩如生，令人嘆爲觀止。然而繁榮局面僅持續至西元 1565 年左右；帝國被當時被來自北方德干高原的五個蘇丹國聯軍消滅亡國。穆斯林部隊長驅直入，燒殺搶掠，燒了這座凝聚了幾百年來人們以心血打造的城市。歷經 6 個月峰火，遍地

維盧巴克沙濕婆神廟

殘磚瓦礫，很多地方幾乎被夷為平地，歷經幾世紀後漫天的風沙掩埋了這美麗的城市，最終遭到廢棄。

漢皮是印度卡那塔卡邦北部貝拉里（Bellary）縣的一個村落，位於聖河棟格珀德拉河（Tungabhadra）南岸，遺址距班加羅爾（Bangalore）335 公里，離霍斯佩（Hospet）市約 14 公里。這個村落在一片遺跡的中央，棟格珀德拉河急流和崎嶇的山丘的特殊地形，毫無疑問是毗奢耶那伽羅成為帝都的重要因素。

地靈人傑的漢皮

漢皮最主軸的宗教是印度教，其他如佛教、耆那教和伊斯蘭教等亦有發展。即使在帝國的高峰，在漢皮仍然可感受到這些古老的多元信仰社會的痕跡。

漢皮境內著名的黑馬庫塔山（Hemakuta）據說是印度三大神祇——毀滅之神濕婆神的聖山。當年濕婆神的配偶娑提（Sati）因父親反對她與濕婆神的聯姻，極盡羞辱之能事，為強烈表達對濕婆神的忠誠，娑提因憤而自焚。而後心碎的濕婆神便在此靈修靜默。

在漢皮的印度教發展有兩個主要教派，即是濕婆派（Saivaites）和毗濕奴派（Vasilinavites），分別供奉毀滅之神濕婆（Shiva）和保護之神毗濕奴（Vishnu）。

漢皮也和印度史詩《羅摩衍那》(Ramayana) 的神話故事有很深的淵源，據說是漢皮是猴王哈努曼（Hanuman）的猴子國故鄉，滿山遍野的花岡石就是哈奴曼大軍得以安然渡海到蘭卡（今斯里蘭卡）營救悉姐（Sita）的填海石頭。這些石頭同時也是幫助羅摩獲得勝利的致命武器。至今漢皮仍然友善的成為大量猴子棲息地，似乎證明史詩中哈努曼猴王和祂的主人羅摩之間的忠誠情誼。

漢皮地靈人傑處處充滿了雄偉的神話史詩遺址；在旅遊漢皮時，你將親眼見證印度史詩，不再是遙不可及的夢境。

漢皮的卓越典範

漢皮於 1986 年登記成為 UNESCO 的印度世界文化遺產。它之所以成為 UNESCO 評定之稀有建築，為人類歷史重要階段的建築類型之代表，主因在於其建築技術和景觀上有突破性的呈現，是為卓越典範。

由於漢皮佔地寬廣，建築物之結構破壞嚴重，維護不易，漢皮一度被列入瀕臨危險的名單。後來透過全球遺產基金（GHF）、漢皮基金會和 ASI 聯合各國內外各單位共同努力下，終於解除瀕臨危險的危機。

帝國的國際視野

當年帝國固然是以印度教為主要的信仰，但軍隊及政務官不少人是穆斯林。許多建築物已被確定為與伊斯蘭信仰有關；

從印度廟中騎馬穆斯林士兵的雕塑等，皆可看到伊斯蘭信仰的痕跡。西南方維塔拉廟（Vittala）附近的清真寺（Kadirampura）很可能就是當時穆斯林的居住區。至於有名的蓮花宮建築（Lotus Mahal）則展現出典型的伊斯蘭風格的體系結構，據說皇上寶座邊還有可放置古蘭經的基座，可能是眾多穆斯林將官任命時需使用古蘭經宣誓所需。這些伊斯蘭遺跡展現了當時國王對多元宗教的包容。除此之外，東邊耆那教寺廟也記載了當時印度教國王贊助不同宗教及試圖修補各宗教的歷史共業等德

濕婆神的小寺廟 Chandrasekhara。

行之銘文。

放眼看不完的自然博物館

在漢皮每一處建築背面都隱藏了豐富的故事，令人體驗到歷史變遷的滄桑。現今雖只剩斷柱殘垣，但仍可窺探當年帝國

不可一世的氣概，是座規模龐大的戶外活化的博物館。矗立在漢皮山上灌溉工程，將山下河水經由引水設施送到山上，嘉惠山上居民。這了不起的中世紀水利工程，至今仍然令人嘖嘖稱奇。水管道頂端部分的渡槽，其建築風格從遠處看起來像一個被破壞的橋樑，碩大支柱和上部結構則是使用矩形花崗岩塊建構而成。

漢皮建築群可分為皇室軍事、公共市民和宗教建築這幾大類。遊客除了尋幽探勝外，如幻似真的巴札市集大街，和百萬計的大小巨石，皆是令人欲一探究竟的景點。特殊的山丘地形形成了兼具精緻、華麗、豪邁奔放，如此獨特的地理景觀更是令人留連忘返。

建築風格

輝煌時代的毗奢耶那伽羅帝國，發展出一種獨特的建築風格，後人稱為毗奢耶那伽羅建築。歷代國王從不同的宗教風格，創意混搭成出類拔萃的建築設計。例如寺廟採用泰米爾印度教或耆那教華麗的與雕刻裝飾；而皇家宮殿建築則大膽地打破禁忌，注入德里蘇丹、土耳其伊斯蘭的建築元素。這類的建築風格史稱為「撒拉遜風格的建築」（Indo-Sarasanic architecture），為當時印度次大陸建築新典範，深深地影響了 16 世紀後世之北印度蒙兀兒王朝建築。

景點介紹

漢皮建築群有 500 個景點，因囿於篇幅只扼能簡述如下：

（一）維塔拉廟（Vittala Temple）

維塔拉廟是漢皮最迷人的景點，進入神殿首先要通過昔日筆直黃金珠寶大道。廟中主要是供奉毗濕奴神；帝國戰勝奧里薩國的建物、巧奪天工的精緻浮雕，是漢皮最奢華的建築典範，也是國際影星成龍於 2005 年推出的印度電影《神話》所拍攝的景點。該廟建於群牆內，走進氣勢雄偉四輪軸石戰車、音樂殿堂、百柱廳和結婚禮堂等各具特色的廳堂各各印入眼簾。

維塔拉廟始建於西元 15 世紀，後續國王們不斷增建，終成為今日的規模。維

塔拉廟最爲人所津津樂道的亮點便是廟中的音樂石柱和石頭戰車。

　　石戰車的座騎以大鵬金翅鳥（Garuda）的形象呈現，是由多塊巨型花崗岩組合裝飾而成的。巨石之間的接縫，以雕刻精美的裝飾藝術，巧妙掩蓋的天衣無縫。且模擬廟會中的木造軸輪車，以一系列的曼陀羅同心圓的概念，設計花卉圖案等裝飾的車輪。輪子看似可自由移動到平台上，除了極具視覺震撼效果外，也象徵戰車永不休止轉動。戰車前端兩頭大象彷彿

正拉著石戰車。據說，這些石象群是從其他地方帶來的，最初的版本只有 2 匹石馬雕。另外，平台上的巨石還雕刻著神話中盛大戰鬥的場面，栩栩如生、氣勢磅礴。

　　維塔拉廟大殿位於石戰車正前方，雖已有部分損壞，但主殿的大廳（Maha-Mantapa）看來仍然令人振奮。

　　走上了台階，樑柱上刻滿了戲劇性的戰鬥場景，如侏儒、大象與巨大的獅子等等。華麗主殿的大廳下有個凹槽的平台，刻有一系列花卉圖案，最底部刻了馬群和

石戰車

訓馬師、商人等。主殿包含 4 個開放式大廳：南廳、北廳和東廳仍然完好無損，西邊大廳則已倒塌。

主殿音樂石柱聲名遠播，細緻的樑柱佈滿豐富華美的雕刻，用手拍打樑柱就會發出美妙的音樂和聲響，在古代由婆羅門擔綱演奏。到了現代，讓好奇的遊客任意拍打已損壞這音樂石柱，如今已被禁止碰觸。

（二）維盧巴克沙濕婆神廟

位於漢皮市集的維盧巴克沙（Virupaksha Temple）濕婆神廟遺址座落在棟格珀德拉河岸。這神廟早在王朝建立前便已存在，供奉著濕婆神，至今仍然有不少信徒參拜，香火鼎盛。幾個世紀以來維盧巴克沙神廟一直被認為是最接近神的聖所，是著名的聖地。寺廟入口的廟塔高近 50 公尺，呈現達羅毗荼（Dravidian）式風格，至今仍然完整無缺的保存下來。

附近是印度教徒的神聖池塘（Pampa Sarovar），那裡是羅摩的奉獻者等待從蘭卡城歸來的羅摩之處。

（三）阿奇尤塔拉亞廟（Achyuta Raya Temple）

以國王為名的阿奇尤塔拉亞廟建於西元 1534 年，在建築美學及工藝也最為完美，堪稱漢皮最宏偉的寺廟。

阿奇尤塔拉亞廟是帝國鼎峰時期的代表之作，專門供奉毗濕奴。各門口設有媲美巴黎凱旋門的美麗塔樓（Prakaras）是此寺廟最突出的特點；其設計是源自於南印度的達羅毗荼風格。

寺廟前方是個筆直的市場，市場建築如今只見淒涼的石柱。除非閉上眼，想像當年遊人如織，商貿繁盛，否則如今眼前遊人稀，寧靜得出奇。

附近最有名的馬堂噶山陵（Matanga Hill）是漢皮的最高峰，通常遊客會到此欣賞阿奇尤塔拉亞廟周圍的宜人景緻。令人著迷的日出和日落，吸引了許多來自世界各地的遊客。

（四）羅摩神廟（Hazara Rama temple）

羅摩神廟位於皇室地區的心臟地帶，為皇室寺私人神廟。寺廟極為精巧，外牆刻有史詩羅摩衍那等琳琅滿目的浮雕故事和銘文，因此，羅摩廟又有「一千羅摩廟」的美名。

（五）皇后八角浴池

漢皮的皇家城堡包括了皇后八角浴池、地下皇宮及瞭望臺等景點，著名的女王閨房就在八角浴池附近。最特別的是馬哈那瓦米迪帕（Mahanavami Dibba），此為樓高 3 層的平台建築物，沿著這平台建築物行走，可見華麗壯觀的雕刻及紋飾，內容包羅萬象。建築前端兩側佈滿著大象、馬和許多神話故事的裝飾浮雕，以及國王的狩獵、城市生活百態；或來自葡萄牙、阿拉伯、中國的外國使節等等雕刻紀錄，美不勝收。

蓮花瑪哈爾 "皇后浴池"

Devi 的寺廟

馬哈那瓦米迪帕建築同時也做為皇家及宗教儀式的活動平台，國王通常在平台上閱兵、觀看軍事演習、進行水上運動、演奏皇家音樂、舉辦動物表演和慶典活動等。馬哈那瓦米迪帕平台可說是帝王宣揚國威和權力的展示場。

（六）蓮花宮

蓮花宮（Loutus）座落在皇家特區，其中包括了私家廟堂。蓮花宮擁有非常對稱的兩層結構，是印度教伊斯蘭文化融合的典範。蓮花般的外觀是蓮花宮名字起源。

蓮花宮是少數使用石膏灰泥的建築物，它具有印度廟的結構，但上層建築則是伊斯蘭風格的金字塔狀罩頂，呈現圓頂形狀。柱子上刻有精緻鳥類藝術品，非常迷人。此外，還有一些精緻的印度式拱門。值得一提的是，蓮花宮的特殊的對稱結構，使其通風良好，在炎夏中仍可保持涼爽怡人的溫度。

（七）市集

寺廟是印度人生活圈的中心，漢皮各主要寺廟，各自發展各具特色的市集（Bazaar）及大街，如今大部份已是殘垣斷壁，當年的榮景只能在想像中追憶了。

（八）潘舒巴里市集在中廊柱——樓閣。

在毗奢耶那伽羅王朝全盛時期，潘舒巴里市集（Pan Supari Bazaar）是通往皇家的大道因此被破壞最為嚴重，其精確切的街道只存在於考古地圖文獻中。然而，現今仍可見到哈扎拉羅摩神廟附近殘留的部分遺跡。在東北方向的距離，可見到哈

被穆斯林梵燒商場

扎拉羅摩神廟前高大的旗桿座以及皇家園區的入口。步行走向旗桿台，兩邊的亭台樓閣清晰可見；水塘和寺廟是潘舒巴里市集的一部分，這些已然是此大道的最可追溯的一部分。

附近另有好幾座印度廟早已不知去向了，只有哈努曼廟（Ranga Temple）存留了下來，且成為到達潘舒巴里皇家的另一通道。若去參觀耆那教廟（Parsvanath Jain Temple）以及其他不知名寺廟的遺址，由此通過狹窄山徑即可到達。

維塔拉寺 Vittala 神廟有名的音樂石柱廟

（九）維塔拉市集（Vittala Bazaar）

維塔拉市集是漢皮許多古老的市集之一，保存相當完整，但廢墟閣樓與住家商店仍舊依稀可見，兩邊的石頭山成為市集有趣自然背景。西邊是維塔拉寺，東邊為格加拉瑪塔巴（Gejala Mantapa）閣樓。沿著維塔拉市集的亭台樓閣群步行，沿途可發現一些未完成的寺廟，廊柱行刻有馬圖騰，市集對面是一個樓閣中心點和大廟的水塘。維塔拉的慶典路線，起於寺廟水塘旁馬雕廊柱前，將神放在神車上繞境遊街，再返回到寺廟。遊客可以從潘舒皮市集沿河邊小徑走路或乘牛車到維塔拉市集。

（十）漢皮市集（Hampi Bazaar）

漢皮市集就在維盧巴克沙廟東，不到 1 公里路的山丘上。帝國時代的街道兩旁是林立的商店和貴族居所，其中一些是二層樓房。維盧巴克沙廟西端現今則是窄小的商店區，餐館林立。諷刺的是，從前是帝國時代貴族富豪商賈的商店豪宅，如今已變成貧民住宅區。

車輛進入到街上必須通過管制站。這條街的東端有濕

婆神座騎南迪（Nandi）的神像。山下設有一個展覽館，展出 1856 年間的作家亞歷山大‧格林（Alexander Grimm）在漢皮的寫真展。

附近有一個開放的平台，是漢皮年度節慶的舞台，還有一個可能是世界上最古老的育嬰房。

漢皮的觀光旅館就座落在這條街的西端。接近寺廟之處，遊客可能驚喜的發現一個活動木造車廟，這是每年漢皮車節時奉獻給神的神車。節慶期間，當地神明沿著這條街繞境遊街的傳統始於中世紀。

在輝煌的帝國年代，來自葡萄牙旅行家在漢皮訪問時曾記述道：「這條廣闊而美麗的街道有一排排漂亮的亭台樓閣，這條街上許多商家，你會發現各種珍寶如：紅寶石、鑽石、翡翠、珍珠、衣服及香料……等，幾乎世上有的東西，你都可在這兒買得到。」這段文字見證了當年帝國的榮景，如今物換星移，令人嚮望的漢皮帝國早已淹沒於時間的洪流中，然而各方的宗教朝聖者，仍然從各地紛至沓來。漢皮朝聖客不曾間斷，根深蒂固的靈性信仰永遠超越政治、超越人間的物質。

初訪漢皮，像是走進大人國的樂高樂園，在群山的拱衛中，亂石崩雲，忽見屹立在各高低不同的山頭上殘缺不全的建築，更烘托出漢皮建物詭異而肅穆的氣氛，似乎像世人奏出不可思議石頭交響曲。▲

文明的燈塔
馬哈巴利城世界遺產

風景秀麗、人文薈萃的泰米爾納德邦（Tamil Nadu），位於印度半島最南端，2000多年歷史孕育出由古老泰米爾語所書寫的商堪文學（Sangam literature），和西方世紀初的基督文學，同被譽為世界文學瑰寶。

阿周那的懺悔

Group of Monuments at Mahabalipuram

泰米爾納德邦
座標 N12 37 0.012 E80 11 30.012
指定日期：1984 年
標準：（i）（ii）（iii）（vi）

泰米爾納德擁有豐富的自然資源、森林高山、海灘和渡假勝地，以及數不清的廟宇，是著名的宗教聖地，至今有 5 個文化遺產皆被聯合國教科文組織列為世界遺產。

泰米爾納德歷經 3 世紀帕拉瓦王朝（Pallavas）到潘地亞王朝和 13 世紀的朱羅王朝等 3 個不同的王朝，和東南亞、古羅馬、希臘、腓尼基、美索不達米亞和波斯進行直接的貿易往來，發展為高度的文明。

馬哈巴利城為泰米爾納德邦中的小鎮，馬哈巴利城古跡群是 7 世紀至 8 世紀期間，由當時的帕拉瓦王朝沿著科羅曼德爾海岸開鑿岩石而建的。其中特別著名的有：戰車形式的廟宇（Rathas）、岩洞寺廟（Mandapas）、「恒河起源」的巨大露天浮雕以及里瓦治寺院等等。其中里瓦治寺的寺內有數以千計的濕婆神雕像。

馬哈巴利城的地理位置瀕臨孟加拉灣，周圍附近曾發現石器時代所埋葬骨的灰甕古墓的遺址。馬哈巴利城在史書上記載稱為七寺城，馬可波羅時代則稱為「七寶塔」此外，南印度著名之商堪文學的詩

左、下：阿周那的懺悔

歌中，持續出現有關馬哈巴利城的記事。據當代英國旅遊作者記載，馬哈巴利城原有 7 座大寺廟，當中的 6 座已沉入海底。至今馬哈巴利城依然是南印度的旅遊勝地。

歷史

歷經 3 世紀至 9 世紀的帕拉瓦王朝，國土橫跨今日的泰米爾納德邦、安得拉邦、卡那塔卡邦以及喀拉拉邦等地，是帕拉瓦王朝統領錫蘭和東南亞的政治、宗教中心、經貿樞紐，也是中世紀後期非常繁榮的國際貿易大港 Poduke（今朋迪榭里）。古泰米爾文獻裡提到這處港口：「成群的大象在碼頭上穿梭，運送堆積成山各色各樣的寶石，大船起錨」等景象；因此，這地方又稱「海之山」。到了近代此處甚至發現大量的帕拉瓦硬幣、中國錢幣和狄奧多西一世，西元 4 世紀的羅馬錢幣等。

阿朱那的懺悔浮雕
Arjunas Penance

宏偉的阿朱那懺悔之巨石浮雕，寬 15 公尺，高約 3 公尺講述了史詩《摩訶婆羅多》的故事。阿朱那般度族（Pandava）兄弟，為了獲得濕婆的武器以打敗婆羅族，前往高山的濕婆神面前懺悔。阿朱那單腿站立，雙手高舉過頭進行苦修和瑜伽，期望感動濕婆神，使得濕婆神同意施予恩寵與援手。

巨石溝槽中模擬一個天然瀑布，傳說是濕婆神將頭髮一洩而下，果然瀑布大水如千層髮絲般傾瀉，象徵恒河從天上降臨人間，帶來淨化世人的能量。

石雕上的 2 隻巨型大象，以及超過百種的飛鳥和動物，更有模仿瑜伽姿勢的猴子、聖人等等，同時出現在這精美的雕刻中。相傳其雕刻藝術的創意很可能是來自印度寓言書五卷書（Panchatantra）。其中還有老鼠向貓膜拜的場景既是傳統寓言內容，同時也展現出工匠的幽默，令人莞爾。

五神社 Pancha Rathas

建築群中著名的五神社皆由整塊粉紅色花崗岩所雕出來，卻各具不同的風格。據考證，原址最早主體是木造結構建築，直到 7 世紀，方由帕拉瓦國王馬汗拉瓦門一世（Mahendra Varman I）及他的兒子相繼完成。

五神廟中，有四個神廟是金字塔形的屋頂。神廟是依照印度史詩摩訶婆羅多故事中的般度族靈魂人物：阿朱那、怖軍、堅戰、無種、偕天和黑公主為主題。初期階段，金字塔形的神廟、戰車，浮雕、樑柱結構充滿了南印度達羅毗荼人風格及仿照佛教精舍或佛殿的傘形大廳，沿著院子周圍小禪室並列，特色豐富多樣。

而根據知名的英國藝術史學家珀西·布朗（Percy Brown,1872-1955）所闡述：

左、右上、右下：五神廟

五神廟雕刻岩石的切割技術和佛教石窟殿堂阿旃陀石窟（Ajanta Caves）及埃羅拉石窟相當類似。根據歷史記載，帕拉瓦國王在西元642年打敗位在印度中南部的遮婁其王朝（Chalukyam）王朝（西元543~753年），而後國王很可能帶回當地的雕塑家和工匠師為戰利品來參與馬哈巴利城的建築。

海神廟

里瓦治寺院

又稱爲岸之寺，是一座 5 層高的印度教寺廟。和其他岩石切割的古蹟不同，是印度南部寺廟中最早也是非常重要經典之作。

寺廟的外觀呈金字塔式樣，高約 20 公尺，坐落在約 20 公尺的方形平台。前堂是座以當地花崗岩切割築成的一個精緻小寺廟，原本僅是入口門廊。里瓦治寺院在當時是香火鼎盛的寺廟，後來被湮沒在沙灘中；直到近代考古學發現了更多的建築，才又發掘出土。每座寺廟外牆、內側皆刻有豐富精彩的神話故事，廟前方一排排濕婆神坐騎公牛南迪石雕及杜爾加女神獅子雕刻。

在馬哈巴利城則到處可見濕婆和毗濕奴浮雕。當時吠陀時代的主神是因陀羅和索瑪，到了 7 世紀，逐漸被毗濕奴神、濕婆神取代，這座寺廟也是見證吠陀神日漸式微的證據。

同樣是印度教，不同的寺廟，也會供奉不同的神；特別是濕婆神的濕婆教派（Shaivism）和供奉毗濕奴的毗濕奴教派（Vaishnavism），有時是壁壘分明的。岸之寺共有 3 個神廟連成一氣，這 3 個廟供奉 2 個大的濕婆神的寺廟，中間則是毗濕奴神廟。如此折衷式的配置，相信是爲了安撫不同的信眾的心靈需求。

海神廟神牛

2004 年，印度洋海嘯來襲，帶來可怕的災難，雖然沒有摧殘破壞寺廟，但海風中帶來的鹽份在日後加劇牆壁上藝術雕刻品的風化侵蝕。海嘯也意外的使附近原沒入海中的浮雕顯露出來；似乎是 1 座寺廟外牆的一部分，其浮雕上面刻有精緻

克里希納石窟寺內浮雕，克里希納在 Govardhana 山，在暴雨下保護牧牛人和牧牛姑娘的傳說。

的動物雕像。印度的考古學家目前正在努力，期待不久的將來將會揭開更多驚人的大發現。

帕拉瓦的文化興起的印度文化圈

在建築群中發現有完成的作品，可能是建築雕刻師父教導徒弟的證據。這建築

群中應該是由某一個負責雕塑的單位或學校通力完成的。

曾經參與挖掘卡朱拉霍（Khajuraho）刻雕塑家亞歷克斯‧埃文斯（Alex Evans）企圖以石頭做雕塑實驗；他約莫用了 60 天左右的時間才完成僅僅 4 英尺的雕塑。由此可推敲，在馬哈巴利城龐大又堅硬的花崗岩之雕塑工程，絕對需要成千上萬名技術嫻熟的雕塑家才有可能完成。

馬哈巴利城建築群是非常了不起的文化遺產，充分象徵著信仰牽引思想和行動，同時也展露出當時王朝為奠定海洋文化中心強大的企圖心，對東南亞各國文化產生關鍵性的影響力。

帕拉瓦王朝的文化另外更具深度影響的層面包從宗教藝術建築圖騰到印度農民曆、宇宙起源到印度的神話、音樂舞蹈等包羅萬象的表演藝術，甚至影響到東南亞地區，如：文學詩歌、語言文字系統、行政和法律架構……等。因此可說，東南亞UNESCO 世界遺產建築，幾乎即始於帕拉瓦王朝。

時至今日，緬甸、柬埔寨、泰國等國仍在使用源自帕拉瓦文（源自梵文）的文字。由此可知印度文化早已深深融入東南亞各民族文化，內化到思想意識、道德觀念及世俗文化上成為不可分割的一部份，相信這是當年帕拉瓦王朝始末料及的善果。🛕

開創性建築典範
帕塔達卡建築群

位於印度德干高原卡納塔克邦的帕塔達卡建築群遺址群（Group of Monuments Pattada-kal），由遮婁其王朝（Chalukyas）興建於6至11世紀，後於1987年被列入世界文化遺產。

Group of Monuments at Pattadakal

卡納塔克邦，Bijapur 區
座標 N15 56 53.988 E75 49 0.012
指定日期：1987 年
標準：（iii）（iv）

遺址群中巍峨莊嚴的印度教廟宇及唯一的耆那教神廟，處處可見精緻建築和藝術的巧思，不僅融合南北印度文化風格，更進而啟發在柬埔寨吳哥窟的建築群。

帕塔達卡建築群遺址位於印度德干高原卡納塔克邦，地處偏遠，遊客稀少，不見兜售紀念品的小販高聲吆喝，反而多了份清靜。進入園區後，可見 9 棟建築群相接連貫，那便是巍峨莊嚴的印度教廟宇及唯一的耆那教神廟。占地雖不算廣，但處處可見精緻建築和藝術的巧思。

不遠處矗立著一排排崩塌的建物樑柱及雕塑品，顯然是無法復原的斷岩殘石，殘破的濕婆神靈珈令人倍覺滄桑。

文化遺址歷史溯源

帕塔達卡遺址是 6 至 11 世紀由遮婁其王朝興建，座落於印度中部和南部，分別由巴達米遮婁其、羅濕陀羅拘陀（Rashatrakutas）、西遮婁其和東遮婁其不同的王朝所統治。早期遮婁其於西元 753 年時，南征北討，因此國力大傷，最

終被小諸侯國羅濕陀羅拘陀取代。西元982年，遮婁其後代子孫又取回了羅濕陀羅拘陀，史稱「西遮婁其國」。

遮婁其帝國於西元543年間，在開國君主羅稽舍一世（Pulikeshi I）的帶領下，於德干高原建國，並定都於婆塔比（巴達米），距帕塔達卡建築群遺址約22公里。要了解遮婁其王朝的文化及帕塔達卡建築藝術與其演變及發展，決不能錯過巴達米石窟。巴達米石窟面積較小，坐落在巴達米市區一個山丘溝口，石窟寺院建在砂石岩山上，建於6到7世紀間。因為特殊的地形、天候影響，岩洞石刻色澤亮麗，每件雕像栩栩如生，有「印度教石窟的鼻祖」之稱。4個石窟都設有祭壇和入口的支柱及亭台樓閣，裡面還有精緻的雕塑和精美史詩刻畫，尤其銘文更是了解巴達米歷史的重要依據。

帕塔達卡爾印度小廟

遮婁其傳到了巴達米王朝最知名的皇帝補羅稽舍二世（Pulakesi II, 609-642）時，國勢達到了頂峰；疆域北達今日的中央邦，南到喀拉拉邦與泰米爾納都邦。7世紀之際，玄奘法師赴印度取經時，亦曾受補羅稽舍二世之邀入宮訪問。

實驗性建築典範

遮婁其王朝擅長海外商務貿易，曾在帕塔達卡、巴達米、艾荷洛（Aihole）廣建印度教廟宇，帶動新建築風格，被世人稱爲遮婁其風格建築（Chalukyan architecture）。

帕塔達卡於 1987 年被聯合國科文教組織列爲世界文化遺產名錄，也是歷代皇帝舉行加冕的場地，另與艾荷洛及巴達米 2 處遺址是遮婁其王朝 3 大政治、宗教及經濟中心及國都。帕塔達卡的 4 個寺廟偏重北印度那迦羅風格（Nagara style），另有四個南印度德拉威風格和帕帕那神廟（Papanath Temple）的混合式；兩者靈巧的融合各種文化元素，後人稱此爲實驗性的建築典範。

此外，帕塔達卡的建築雕刻藝術可說深受來自北方馬哈拉施特拉（Maharashtra）阿旃陀石窟藝術的影響。筆者在巴達米當地發現與阿旃陀石窟類似的建築工藝教室，其泥牆上遺留了操作之工法，並且有雕琢工藝的教導工地。似乎每件雕刻品的製作都先有一定縮小比例的模子供工匠參考，其流程之細緻講究，以今日標準來看，堪稱專業。

遍覽帕塔達卡建築群
Papanatha Temple

根據銘文記載可知，坐落在建築群正中心的帕帕那塔神廟（Papanatha），寺廟建於西元 740 年，風格明顯受到北方影響，呈現出混搭的建築美學。神廟面向東方的門廊前備有亭閣，入內有一個祭壇；東側亭閣（Mandapas）有華麗的聖牛南迪圖像，以動物、花卉等雕刻圖案為裝飾。牆上繪有保護神毗濕奴以及羅摩衍那等史詩故事。廟中還有多款破壞神濕婆的圖像，如天花板上的舞王濕婆和其配偶帕爾

瓦蒂女神飛天像。而西側無論是天花板亭閣或華麗的門框上都能見到納加拉賈（濕婆）的身影，可見此為一座神聖的濕婆廟。

維魯巴克沙神廟 Virupaksh Temple

維魯巴克沙神廟建於西元 740 年，根據東門廊銘文記錄，此廟為羅卡瑪哈德維（Lokamahadev）王后為紀念其丈夫維克拉姆帝亞 II 世（Vijayaditya）於西元 731 年戰勝南方強國帕拉瓦（Pallavas）戰役後所興建的。維克拉姆帝亞從敵營中帶來了建築師及雕塑家，在其協助下建立了這座濕婆廟。寺廟外觀類似位於南印度甘吉布勒姆邦的凱拉沙那塔神廟（Kailasanatha temple），內部則有優雅的雕刻和美觀雕塑，裝飾華麗，為各建築群的佼佼者。庭院前有座巨大的黑色石頭雕像為濕婆的聖牛南迪，這是一座小而美的祭壇，具強烈的南方風格。

左、下：維魯巴克沙神廟建於西元 740 年，根據東門廊銘文記錄，此廟為羅卡瑪哈德維（Lokamahadev）王后為紀念其丈夫維克拉姆帝亞（Vijayaditya）二世於西元 731 年戰勝南方強國帕拉瓦（Pallavas）戰役後所興建的。

卡達悉地史瓦拉寺廟
Kadasiddheswara Temple

　　卡達悉地史瓦拉寺廟建於西元7世紀中，屬於實驗性的寺廟建築，其最大特色是將高層建築物體橫向發展，將其外觀體型變胖。寺廟是小型無柱式的祠堂，面向東方，建在一個凸起的基座。正門口外牆上層及門口的裝飾橫石板上皆可見到廟內主神－舞王濕婆和其配偶帕爾瓦蒂的身影，雙邊另有創造神大梵天和保護神毗濕奴的雕塑像。

卡希米維史瓦拉寺廟
Kasivisweswara Temple

卡希米維史瓦拉寺廟建於西元 8 世紀中，是早期遮婁其風格的最後作品。其東側牆面有雙壁柱支撐的支提窟、拱門與山形牆；上層建築則以 5 層模組化的網格狀覆蓋於建築的表面，呈現出非常獨特的。

卡達悉地史瓦拉寺廟，庭閣門口下刻有華麗的恆河女神雕像，門楣上有金翅鳥的英姿；柱子上的雕刻是有關薄伽梵和《濕婆往世書》中的故事。

庭閣門口下刻有華麗的恆河女神雕像，門楣上有金翅鳥的英姿；柱子上的雕刻是有關薄伽梵和《濕婆往世書》中的故事。

噶拉噶那塔寺廟
Galaganatha Temple

噶拉噶那塔寺廟面向東方，大約西元 750 年時建成，廟中前庭是林迦祭壇，建築物上 3 件上層組模層塔皆保存完好。方正的寺廟高高聳立在建築群中，是十足的南印度德拉威風格的寺廟。

葛拉嘎那塔寺廟建築物上 3 件上層組模層塔皆保存完好。

上、下：桑噶美史瓦拉寺廟

桑噶美史瓦拉寺廟
Sangameswara Temple

桑噶美史瓦拉寺廟由維賈亞地亞 Vi-jayaditya 皇帝建於西元 720 年。該廟建於非常高的平台基座上，屋頂上的複雜裝飾是南方建築的特色。原本建築結構並不理想，後來在大廳又加了圓柱補強，且每座樑柱都有印度教神祇雕刻。寺廟有一座祭壇，北面神社的前庭大廳兩側皆有巨大的柱子，3 個窗口分別位在北、西、南方位，大廳東側則是聖牛南迪。

瑪力卡朱那寺廟
Mallikarjuna Temple

瑪力卡朱那寺廟為維盧帕夏 Virupak-sha 寺廟的縮小版，由維克拉姆帝亞皇帝的第二個皇后在西元 745 年所建造，一樣是為了慶祝帕拉瓦戰役的勝利。瑪力卡朱那寺廟共有 4 層高，最高層放置了圓形帽建物，展現了南印度德拉威風格。

Malikarjuna temple 瑪力卡朱那廟

門神

耆那廟宇 Jaina Temple

耆那廟宇爲南印度風格，建於西元 9 世紀，此爲羅濕陀羅拘陀國王克里希納二世統治時期。寺廟的建築結構一共有 3 層高與兩層地下層，是帕塔達卡最後的廟宇，也是唯一的耆那廟。由於耆那教沒有神話浮雕，因此只有在大廳牆壁與門廊兩邊有一些浮雕人物。

濕婆和帕爾瓦蒂

發現南北印度歷史脈絡

2005 年，印度考古隊在薩盧瓦庫邦木魯亢神廟 Saluvannkuppan Murukan 最底層挖掘到西元前 300 年專門供奉穆盧幹、濕婆、毗濕奴等神祇古老的神社，和來自淡米亞那督邦古代商堪文學（Sangamliterature）詩歌。從考古文物中了解，早期的朱羅王朝（西元前 300 年）和潘迪亞王朝（西元前 500 年）最大的成就便是興建了磚造的神廟。

遮婁其帝國從 5 到 7 世紀間，在馬拉拔巴（Malaprabha）盆地建了超過 150 座寺廟及紀念物。帕塔達卡建築群將南印度德拉威和北印度雅利安及佛教建築融爲一體，讓人看到南北印度歷史變遷的脈絡，也找到和諧平衡的藝術理念。

遮婁其精湛的石窟技術也影響了帕拉瓦王朝的馬哈巴利普蘭，馬哈巴利普蘭岸邊的神廟，接著對後來的朱羅王朝（9 世紀）王都坦賈武爾（Tanjore）的大廟也產生影響力，進而往東南亞啓發在柬埔寨吳哥窟的建築群。這一連串的發展令印度建築成爲東南亞文化的長城，而這些建築藝術上豐碩成果也是當初遮婁其人始料未及的發展。

拉吉普人的堡壘
拉賈斯坦邦的山脈堡壘

拉賈斯坦邦的山脈堡壘是拉傑普特人由中世紀早期到中世紀晚期所建的美麗建築群。這些堡壘更是拉傑普特人傳統勇敢文化的歷史見證。

Rajastn Fort

拉加斯坦邦
指定日期：2012 年
標準：（ii）（iii）

客帶回了過去由拉吉普人統治者的時代，並了解他們對悍衛婆羅門文化的莊嚴使命和生活方式。城堡建築在崎嶇山脈上其雄偉的外觀和令人驚嘆的細緻精美內飾展現了昔日的精湛工藝和帝國輝煌歲月。

拉賈斯坦邦的 6 個堡壘：奇托格爾堡（Chittorgarh）、琥珀堡（Amber Frot）、貢珀爾格爾（Kumbhalgarh）、齋沙默爾堡（Jaisalmer）、倫塔波爾（Ranthambore）以及賈加龍（Gagron）現皆登錄於聯合國教科文組織的世界遺產，以其令人驚嘆的建築和勇敢的拉吉普特人（Rajput）的歷史故事吸引著遊客。

拉斯坦山的山堡 - 概述

拉賈斯坦邦的六個堡壘位於雄偉的阿拉瓦利山脈的岩石地形上，拉傑普特人的王國狀態可以追溯到 8 至 19 世紀。這些堡壘建於 18 世紀至 19 世紀之間，包含巨大的集水結構乃至現在仍在使用的水池。

這些令人驚嘆的堡壘如藝術作品般吸引著遊客的注意力。堡壘的歷史刻畫將遊

（一）奇托格爾堡 / 慾望城堡
Chittorgar fort

地點

奇托格爾堡（Chittor Fort）位於南拉賈斯坦邦，距阿杰梅爾 233 公里，堡壘聳立在山丘上，海拔 180 公尺高。位於 Banas 河的支流，左岸是西元 1568 年的新城奇陶爾加爾堡 (Chittorgarh Fort) 相連。

呈魚形的堡壘佔地 700 英畝，周長為 13 公里的護城牆，45 度的山坡使敵人幾乎無法進入。進入到堡壘需經過多重拱門及雄偉防禦的兩座高塔才能進入堡壘。堡內建築群中，原有 65 棟歷史建築物，其中包括 4 座宮殿建築群，19 間主要寺廟，4 座紀念館，和幾十座儲水功能水資源在當時可供幾萬人使用，可惜滄海桑田，部

份建築已是一片廢墟了。然而，這堡壘仍是亞洲最大的堡壘。

歷史

　　由於堡壘除了有雄偉的外觀並擁有完備的建設，令附近的統治者垂涎三尺，試圖據己為有。 歷史上，它分別在 14 世紀以及 16 世紀，皆是受到來自於穆斯林侵略者。印度教統治者拉傑普特的武士，一次又一次義無反顧的與入侵的敵人為保衛城堡展開激烈的戰鬥，拉吉普武士總是戰到一兵一卒，死而後已。而女性為了保護名節與貞操，在獲知先生戰死於前線也不願獨自苟活於世，她們選擇投火自焚（Jauhar）在所不惜。

　　16 世紀，正處於成長中的蒙兀兒帝國，時值第三世皇帝阿克巴大帝，野心勃勃的希望能佔領整個印度，也將目光投向這著名的堡壘。阿克巴大帝以龐大的軍隊，與當時的 Mewar 的拉納·剛巴哈（Rana Kumbha）大公，展開長達數月的戰爭，雙方勢均力敵，阿克巴大帝最後以使用歐洲巨炮的優勢武力終於擊敗守軍破城而入，卻也發現許多老幼婦儒己集體自殺了。

女王宮殿

美麗的歷史哀愁

14 世紀被詩人傳頌一時的故事〈帕德瑪瓦蒂女王的悲歌〉（Padmavati），就發生在奇托格爾堡。話說女王帕德瑪瓦蒂她是來自斯里蘭卡的公主，嫁給奇托格爾堡的國王。不幸的是西元 1303 年，惡名昭彰的奇爾吉（Khalji）德里蘇丹，久聞奇托格爾的皇后是絕代美人，他為了擄獲人妻軟硬兼施。最後從德里率大軍圍攻城堡，持續圍城八個月，狂殺了幾萬名印度人後打開城堡，發現王后和數千名婦女已自焚身亡，奇爾吉最終只佔領了 1 座空城。這堅貞不渝的悲劇故事傳遍全印度。

多年來，皇后被視為歷史名人，並在小說，戲劇，電視連續劇和電影中流傳。特別是 2017 年導演 Sanjay Leela Bhansali 的電影，被人認為這電影中在奇爾吉和帕德瑪瓦蒂之間的浪漫場景，藝瀆了王后的情操更歪曲歷史。即使電影導演澄清電影中沒有這樣的場景仍無法杜絕如排山倒海般的抗議聲浪。但，印度最高法院駁回禁止這部電影上映的請願書：電影是受印度憲法保護的言論自由的範疇。這部電影於 2018 年 1 月更名為《帕德瑪瓦蒂女王》之名正式發行。但也有歷史學家質疑帕德瑪瓦蒂的真實性。總之女王帕德瑪瓦蒂是一個充滿慾望和戰爭的故事，以悲劇收場。為奇托格爾堡平添了濃濃的歷史哀愁。經由電影的加持，使印度人重啟對這段歷史的記憶，也算是有正面的啟示吧。

建築物介紹

這些堡壘建築群，大致分為兩個階段。第一個是在山麓入口設立門禁，建於西元 5 世紀直至 13 世紀才停滯。第二的防禦結構是在 15 世紀重新安置並加設了 7 個大門。

除了地形的宮殿及防禦建築群外，還有許多不同宗教建築，建築有印度拉傑普特風格與蘇丹國建築折衷主義相結合，各具特色。

主要建築物分別介紹如下：

女王宮殿 Padmini

Padmini 宮殿或 Rani Padmini 宮殿是一座白色的建築和三層建築，於 19 世紀重建的。它位於堡壘的南邊。宮殿屋頂上有（亭台樓閣，宮殿周圍有護城湖。根據傳說，正是在這個宮殿裡，Alauddin 被允許一見 Rani Padmini 帕德瑪瓦蒂王后的鏡像，人們相信，對 Padmini 王后的這一眼令他痴迷，並決定摧毀奇托格爾堡以佔有她。這座宮殿的青銅大門被阿克巴大帝拆除後運往阿格拉。

Rana Kumbha 宮殿

在 Vijaya Stamba 附近的入口處，Rana Kumbha 的廢墟宮殿是最古老的紀念建築。宮殿中包括象欄、馬廄及濕婆神的寺廟。Udaipur 的創始人 Maharana Udai Singh 出生在這裡，宮殿的顯著特點是其

壯觀景陽台。進入宮殿的庭院的地下酒窖中，是女王殉難的地方。

耆那教寺廟

堡壘雖然大多數為印度教寺廟，但亦包括了耆那教寺廟最突出的是 Kalikamata 寺（建於 8 世紀）及 24 公尺處的 Kshemankari 寺（約建於 825-850 年），37 公尺 Kumbha Shyam 寺（建於 1448 年）及兩座塔樓紀念碑，Kirti Stambh（建於 12 世紀）和 Vijay Stambha（約建於 1433-1468），是耆那教紀念塔。他們以高度脫穎而出，由這紀念塔可看見堡壘的大部分區域。

耆那教寺廟

勝利之塔 Stambha

是奇托格爾堡中最豪邁的建物，以紀念馬爾瓦大公戰勝蘇丹，於15世紀花了10年建造，高達37.2公尺，通過一個157級都有雕刻裝飾的樓梯到達8樓，從此處可以看到奇托格爾堡的美麗景色。

其他必訪的景點：

Meerabai Temple 寺。以華麗的印度雅利安建築風格建造。它是讚頌神秘的聖詩人Mirabai，她終其一生奉獻給克里希納神。

結語

這曾經是人民的安全港、堡壘，罕見的高度與長長的走廊和富麗堂皇的房間，充滿了中世紀的建築傑作，軍械庫，壁畫和彩色玻璃，及絕佳的風景，今天堡壘吸引著來自世界各地的遊客的讚嘆不已。

電影和悲慘事件和大場面及令人印象深刻，當你登上這堡壘，望見一座座延綿的建築物令人印象深刻，電影中詮釋的歷史和人文價值觀及現場的視覺魅力，相會的一剎那之間，便會使你感動莫名。

耆那教勝利之塔

（二）琥珀堡 Amer Fort

琥珀堡面積為 4 平方公里的小鎮，距離拉賈斯坦邦首府齋浦爾 11 公里。它位於山上，是齋浦爾的主要旅遊景點。琥珀堡以伊斯蘭波斯藝術溶入了印度風格元素而聞名。這座堡壘擁有大型城牆和一系列大門和鵝卵石小徑，俯瞰著 Maota 湖，這也是琥珀堡的主要水源。

這座迷人的華麗宮殿由紅砂岩和大理石建成，分佈在 4 個樓層，每樓層都設有庭院。它包括「公眾大廳」及「私人觀眾廳」，鏡子宮殿（Sheesh Mahal），人工建造的瀑布，讓風吹過宮殿使得內部非常的涼爽。宮殿和 Jaigarh 堡因為兩者間有地下通道相連，在戰爭期間為一條逃生路線。

地理

琥珀堡簇立於琥珀堡鎮附近的毛塔湖邊的在一處森林覆蓋的山岬上，原本可乘坐大象緩緩登上城堡，2017 年已改用 4

琥珀堡 Amer Fort

輪驅動車直抵入堡的太陽門門口。

早期歷史拉傑普特大君於 16 世紀後期建造琥珀堡宮殿建，是印度現存最古老的宮殿之一。這 16 世紀的琥珀堡和宮殿建築群至今仍保存完好。

琥珀堡共有 4 個庭院及公眾廳有 27 個迴廊，其中最有名的是鏡宮，是由玻璃鑲嵌和多鏡面天花板精美的裝飾。在使用燭光時閃閃發光。在閃爍的燭光中最為夢幻，又被稱為「閃閃發光的珠寶盒」。門外的魔法花特別的吸引人注意，每一種花飾都是採隱藏方式才看得到，使人嘖嘖稱奇。其他的花園，黎波里 (Tripolia) 門，滿心宮 (Man Singh)，獅子門及為安全考慮的大門，是在剎瓦甲侖文心 (Sawai Jai Singh，西元 1699-1743) 統治期間建造的。

結語

琥珀堡被認為是連續文化財和拉傑普特軍事山塞堡建築合一的例子。這歷史悠久的小鎮佔地 4 平方公里，有 18 間寺廟，3 座耆那教廟和 3 座清真寺。大約有 87 頭大象居住在堡壘內，平均每天五千名遊客已成為地方收入來源。

萬鏡宮

琥珀堡裡的庭園

（三）貢珀爾格爾堡壘
Kumbhalgarh Fort

貢珀爾格爾堡座落於西拉賈斯坦邦、烏代布市西北方約 82 公里附近的阿拉瓦利 (Aravalli) 山脈中，建於海拔 1,100 公尺的山頂上，是重要的山地要塞。

歷史：貢珀爾格爾堡興建於 6 世紀，是戰略上重要的堡壘；然而隨後的相關歷史紀錄卻是模糊不詳的。直到西元 1303 年，著名的卡爾齊大帝（Alauddin Khal-ji）的入侵以及古吉拉特邦的艾哈邁德‧沙阿一世於 1457 年襲擊了這座堡壘，才再度寫下貢珀爾格爾堡的相關紀錄。而後蒙兀兒王朝阿克巴大帝麾下的將軍企圖奪取堡壘而發動多次戰爭，之後才順利將其列入版圖。

建築：貢珀爾格爾堡壘在 15 世紀由拉納‧剛巴哈大公建造成近代的規模，是續奇陶爾加爾碉堡後之後，烏代普梅瓦區域內（Mewar）最重要的堡壘。該堡壘長 80 多公里，僅次於中國的長城的記錄，又稱印度的萬里長城，它是拉納‧剛巴哈大公所統治的 84 個堡壘中最龐大且最精細堅固的軍事要塞。

貢珀爾格爾外圍牆前壁厚達 15 英尺，有七個強固門禁。堡壘內有 360 多座寺廟；其中 300 座古老的耆那教寺廟和其他印度教寺廟。從宮殿頂部望去，可以遠眺阿拉瓦利山脈以及塔爾沙漠的沙丘。

左、左下、右：貢珀爾格爾堡壘

（四）齋沙默爾充滿生機的堡壘

極為罕見、坐落在城市裡的齋沙默爾堡壘，被公認為是世界上為數不多的「生活堡壘」之一，只因舊城區人口的近四分之一仍居住在堡壘內。堡壘外開始出現第一個定居點據傳始於 17 世紀。齋沙默爾堡是拉賈斯坦第二古老的堡壘，建於西元 1156 年，由拉傑普特統治者拉瓦爾‧傑薩爾（Jaisal）所建造，並以其名字命名。當時齋沙默爾堡在古老的絲綢之路扮演重要貿易的角色。

齋沙默爾堡壘擁有巨大的黃色砂岩牆，白天隨著日光呈現出黃褐色；隨著日落西下逐漸褪色為蜜金色，漸漸消融至黃色沙漠中的美麗堡壘，因此譽有黃金之堡（Golden Fort）之美譽。

堡壘矗立在特里庫塔山丘上（Trikuta Hill）以及壯麗的塔爾沙漠（Thar Desert）。居高臨下的位置極具主導地位之優勢，在其周圍可見雄偉壯觀的塔樓。

歷史：西元前 1293-94 左右，齋沙默爾堡壘被德里的蘇丹‧阿拉丁‧哈利吉（Sultan Alauddin Khalji）圍困；之後數年內，堡壘一度被遺棄，最終被一些倖存

齋沙默爾堡壘長 460 公尺，寬 230 公尺，高約 4.6 公尺的牆，形成了堡壘的最外圈，具備了三重環狀防禦. 周長約 4 公里。

的巴帝族（Bhatis）重新佔領。

　　之後直到西元 1541 年，蒙兀兒皇帝阿克巴統治之下，才得以控管此堡直到 1762 年。1818 年 12 月 12 日東印度公司與當時的印度總督穆爾拉吉（Mulraj）之間協定，允許其保留對堡壘的控制權，並提供防止敵方入侵的保護。1820 年穆爾拉吉去世後，由其孫噶吉·辛格（Gaj Singh）繼承堡壘的控制權。

　　隨著英國統治的到來，海上貿易的出現和孟買港口的增長導致了齋沙默爾的經濟地位逐漸衰退。在印度獨立之後與巴基斯坦分治之際，由齋沙默爾堡為主軸的古老貿易路線完全封閉，從過往國際商業的的重要角色退役退出。如今齋沙默爾堡主要以旅遊觀光目的地而重新受人注目。

　　建築：齋沙默爾堡壘長 460 公尺，寬 230 公尺，建於一座高於周圍鄉村 76 公尺高度的山丘上。堡壘的基層建築有一面高約 4.6 公尺的牆，形成了堡壘的最外圈，具備了三重環狀防禦。堡壘的頂部塔樓形成一個防禦性內牆，周長約 4 公里。堡壘現在包括九十九個大、小堡壘及有四個來自城牆的強化入口或大門，其中一座門曾經有大砲守護。

　　揚名世界的印度電影導演薩雅吉·雷（Satyajit Ray）根據堡壘寫了一部偵探小說《黃金堡壘》（"Sonar Kella", The Golden Fortress），後來在此地進行拍攝。這部電影因而成為經典，每年都有來自孟加拉和世界各地的遊客參觀這座堡壘，親身體驗薩雅吉·雷在電影中所描繪的奇幻世界。

金色城堡

常見的古堡週邊街頭藝人

古堡附近的旅館也像城堡

（五）倫塔波爾堡
Ranthambore Fort

倫塔波爾堡（Ranthambore，亦稱梁山伯堡）位於印度拉賈斯坦邦內的倫塔波爾國家公園，靠近薩瓦伊瑪多爾普小鎮（Sawai Madhopur）。直到印度獨立前，該公園是齋浦爾大君的前獵場，而座落於此的倫波爾塔是一個令人生畏的堡壘，同時是拉賈斯坦邦歷史發展的焦點。

（六）賈加龍堡 Gagron Fort

位於 Jhalawar，被稱為拉賈斯坦邦的水堡。這座堡壘建於 8 世紀，之後許多統治者佔領了它，並在這個堡壘區內建了宮殿。

賈加龍堡堡距離 Jhalawar 有 7 公里，這個堡周圍有 3 條大河。這個地方以 Jauhar 湖泊而聞名，因為在伊斯蘭蒙兀兒入侵時，印度教的 Mewar 和拉吉普特婦女，在這些湖泊中投河以保名節。後來蒙兀兒皇帝阿克巴佔領了這座堡壘。

堡壘的週邊景觀迷人。於這個堡壘的村莊，你可以看到阿克巴於 1580 年建的蘇菲聖徒的聖殿。每年在伊斯蘭教穆罕默德節慶期間，在聖殿內舉辦熱鬧繽紛的節慶及市集。

好客的古堡遊客

渴望
卡朱拉候建築群

馳名世界的卡朱拉候古蹟群，位於印度中部印度中央邦的查塔普（Chhatarpur）小鎮，距離新德里東南方約 620 公里處。神廟本身爲精緻先明的亞利安式的建築，另結合了印度教和耆那教寺廟建築形式交互穿插於建物群間，是印度七大奇蹟之一，也是熱門的旅遊景點。

Khajuraho Group of Monuments

中央邦 Madhya Pradesh 州
座標 N24 51 7.992 E79 55 19.992
指定日期：1986 年
標準：（i）（iii）

卡朱拉候建築群代表一種獨特的藝術創作：每座建築內部和外部，大多以男女性愛爲題材，晴空萬里下，散發出大膽情慾色彩，露骨的呈現令人嘆爲觀止。這些數量驚人，充滿了戲劇化的情色場景，著實令現代人難以理解。

這些充滿了爭議「性」的精緻雕刻裝飾藝術品，究竟是神聖的或藝瀆宗教的信仰？從古至今各種詮釋與質疑不間斷。

其實，卡朱拉候神廟是獻給濕婆、毗濕奴和耆那教先祖的神聖殿堂。穿插兩種不同宗教風格古蹟群，其華麗裝飾和特殊的建築工程，均令人讚嘆不已。然而，由於廟中大量的性愛雕塑圖騰令人震懾不已，其神聖及精神生活的意涵反而被忽略。

卡朱拉候的歷史

在古老的卡利年代（古瑜伽經典的年代，約始於西元前 3012 年），印度遭受蔑戾車人（Mlechcha 吠陀時代的異教徒、野蠻人）的侵略。於是居住在拉賈斯坦及古賈拉地一帶的武士拉傑普特人，部分

左、右：kamasutra 慾

東遷到印度中部，也就是今中央邦一帶。當時他們統治的區域稱昌德勒（Chandelas），在那建立了新王國，並自稱為月神的子孫。西元 500 年到 1300 年間昌德勒王國國勢到達巔峰，卡朱拉候附近的首都卡林甲（Kalinjar）興建了許多建築物，其中包括知名的卡林甲堡壘及尼爾堪（Neelkanth）濕婆寺廟。

之後，從西元 950 年到 1150 年這 200 年間，歷代昌德勒國王大興土木以石造雕刻建造了今日讓後人讚歎、舉世無雙的卡朱拉候寺廟群。

昌德勒國王雖然日後又遷都於卡朱拉候 109 公里的馬荷巴（Mahoba）市，但是卡朱拉候儼然已是無可取代、興旺的宗教聖地與文化中心。

關於卡朱拉候的輝煌，西元 11 世紀時來自花剌子模的天文歷史旅行學家比魯尼（abu raihan al-biruni）的印度遊記中特別記載。而 14 世紀時，來自北非的旅行家及投效德里蘇丹王的政治家伊本‧巴圖塔（Ibn Batuta），也在其傳記中自述曾被卡朱拉候這座印度神廟深深感動。

後來穆斯林入侵印度，這些以性愛雕塑圖騰的神廟建築雕刻，違反了不准崇拜偶像的教義，橫遭攻擊褻瀆及破壞，從此被淹沒在一片人煙絕跡廣大的森林中，長達數百年之久。直至 1838 年，在加爾各答亞洲學會任職的英國陸軍伯特上尉 (TS Burt)，意外的在卡朱拉候茂密的叢林中發現這古蹟群，它才再次重現於世人的目光下，但如今僅存 25 座寺廟。卡朱拉候神廟建築群，於 1986 年被聯合國教科文組織第 10 次會議中，評為具有傑出的普遍價值和充份展現人類創造性的天才之文化遺產，列入世界文化遺產。卡朱拉候和泰姬瑪哈陵同列為印度最受歡迎的旅遊景點。

上、下：濕婆寺廟

地理景點

考古的資料顯示，整個建築群原本被城門環繞，全區有 8 個門，城門口兩側有兩棵黃金棕櫚樹。

原本超過 80 個的印度教及部份耆那教廟群，大多毀壞，在 ASI 整理維護下，僅存 25 座保存良好的狀態，分散在約 20 平方公里的區域。

今天，人們在北印度教的歷史大廟，多半是以這寺廟為藍本，成為北印度廟建築風格的典範。

寺廟群一共分為 3 個區，其中最著名的西廟群，分別是濕婆寺廟（Kandariya Mahadev Temple）和拉克什曼寺（Lakshmana Temple）。

濕婆寺廟 Kandariya Mahadev

建物尖頂塔樓高達 35 公尺，是建築群中規模最大，非常宏偉壯觀的顛峰之作。塔樓牆上佈滿上千情色及不同主題的雕刻品。正殿前有一個玲瓏剔透入口牌坊及躍馬石刻。據說寺廟正殿前面原有宏偉的建物，如今是一片廢墟。

除了外圍的拱門外，內部存在著 6 個隔層、門廊、主廳、耳堂、玄關、書房和門廳等。支壟建築物的支柱雕滿了精緻的石刻藝術，值得細心品賞。耳堂的外牆有多面橫板，展現出了印度教萬神殿的意象。另外還有一大片情色的雕塑品，像是充滿了禁忌遊戲的盛會，豪無隱喻及誇張，令人有無盡的遐想空間！

拉克什曼寺神廟 Lakshmana Temple

位於卡朱拉候西廟群的拉克什曼神廟，主建築外形呈現螺旋狀架構；其週邊還有四座不同的小廟，整體稱為「五廟式」（Panchayatana）建築佈局。此廟是西元 930-950 年間、由昌德勒王朝所建立，主要供奉著印度教三大天神之毗濕奴神。整個寺廟建築群矗立在一個高的平台（Jagati）及入口門走廊（Antarala）曼達帕（Mandapa），另有幽靜的神聖密室（Garbhagriha），具備了印度神廟風格所有元素。寺廟陽台的外牆上鑲嵌著華麗的窗台和欄杆裝飾；除了有毗濕奴神的各種化身與四臂雕塑外，門楣上還有梵天、女神拉克希米雕像。

拉克什曼神廟內的性愛雕刻規模也相當驚人，放眼望去是一大片、上千個肢體大膽炙烈愛慾的性愛姿態，彷彿是雲端上的性愛聚會所，令人臉紅害羞、血脈噴張、心跳加速。如此活生生赤裸的親密雕刻，似乎將男女激情親熱的溫度，借由石雕藝術而永恆的保存著，時間彷彿被凍結。

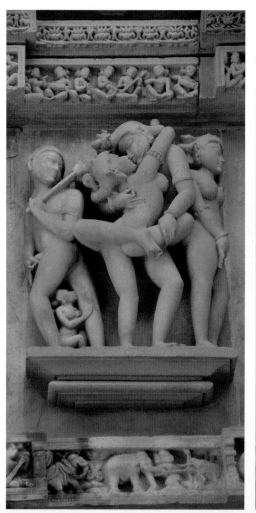

上、下：kamasutra 慾

耆那教廟

從昌德勒王朝遺留的銘文了解，在這王朝統治期間，在卡朱拉候古蹟群東邊附近，也保有蓬勃發展的耆那教社區。如今在東區看到的耆那教廟，除了著名的甘泰（Ghantai）寺廟遺址外其他都是在20世紀初建造的複合式建築，算是個封閉的特區。而另一座耆那教聖地香提那（Shanti-nath）寺，建於西元1028年，每年有赤身裸體天衣教派（Digambaras，為耆那教的一支）的香客和信徒川流不息前來此奉獻及祈願。附近也有民宿供香客住宿。

香提那寺廟以1805年安厝的14英尺高、耆那教祖師蒂爾丹嘉拉（Tirthankar）的站立神像最為著名；為此廟添加了無比的神聖意義和加持力。

蒂爾丹嘉拉立像被認為具有超自然神力。據說400年前，穆斯林入侵者以錘子敲破偶像的手指時，打斷的手指處竟開始流出牛奶。同時，不知哪來的一群蜜蜂蜂湧而至，瘋狂攻擊逃跑的入侵者。如此神蹟軼事，成為當地人津津樂道的傳奇。

人生三要——法、利、欲的哲學觀

一般旅遊指南稱卡朱拉候為性愛神廟，將其視為古代色情之都，事實並非全然如此。沒錯，卡朱拉候除了耆那教外，所有的寺廟外牆刻滿大膽色情雕刻，一覽無遺的描摹愛侶激情交媾景象，令人目眩神迷。然實絕妙的人獸集體雜交意象，更使人瞠目結舌。

然而近一步靜觀這些至今看起來仍然栩栩如生的雕塑，精緻且充滿了幽默的藝術價值。的確，當你第一眼看到毫無遮蔽、大膽的情色雕刻時，女士們肯定臉紅心跳；但當你細看雕畫中，在一旁將雙眼以手蒙住的小孩不敢正視的滑稽有趣畫面，又令人不禁莞爾、露出會心的一笑。

左、右：kamasutra 慾

laxman temple 拉克什馬神廟

當然，這些卡朱拉候上的情色雕刻，始終令世人爭論不休、議論不已。有些學者認為這壯觀的藝術創作是當年奢侈淫亂的帝王玩世不恭之作。世人本性上把愛視為人生羞於啟齒的事情，然而在印度，它卻是一種哲學，有著很難理解的複雜含義。

根據十萬頌的《摩訶婆羅多》史詩中貫串全篇的「法、利、欲」論述：古印度的智慧者們總結，人生存賴以生存就是法、利、欲。

「法」是正法，「利」人能賴以生存於世的物質和精神需求。「欲」是人之生命的自然需求，七情六欲的感官需求以及人性自然的展現。在《愛經》（Kama Sutra）強調借由嗅覺、視覺、觸覺、聽覺，嗅覺這五種感官，得到性滿足，使身心靈得到性滿足。

西元 4 世紀出家人筏磋衍那（Vatsyayana）認為人類的情慾就像河水，河水使人生存，滋潤萬物，同時又會氾濫成災。既要修行，也要服從慾望。他所著作的《愛經》具體而微的闡述了 64 項男女性愛招式、愛的技巧、追求愛的和諧。

《愛經》不是淫穢作品，其目的是培養男女之間情緒和親密關係的重要性。而卡朱拉候廟群上的琳瑯滿目，大膽情色雕塑品，充分發揮《愛經》無與倫比的想像力。將「欲」的理論發揮了淋漓盡致。

昌德勒國王借由古蹟坦蕩蕩的描繪性生活之雕塑，推廣各項密宗教義，對密宗譚崔（Tantra）思想影響很大。因為密宗的宇宙力量來自於男性和女性合一的能量。因此，人們應了解，打造卡朱拉候情色的雕刻決不是印度教的異教徒、國王及工匠們一時興起，或性慾薰心之作。

卡朱拉候雕刻

左：Kandariya 堪達力雅濕婆廟　　右：卡朱拉候廟

旅遊

卡朱拉候古時被稱爲卡朱拉瓦哈卡（Kharjuravahaka）是從梵文衍生出來的，意指棕櫚樹，是當年這地方的特產。此地雖然是個小村莊，不到 1 萬人口，但爲了接待來自各地的遊客，早建有機場，近年來從德里有火車可達。當地亦有星級酒店的設施，旅遊服務業相當興旺。

透過當地耆老口述得知，19 世紀末期，在叢林地被重新發現的性愛神廟古蹟，已被部份人士占爲私有，已有向遊客索取參觀費用的現象。

世紀大導演大衛・連（David Lean）1984 年時最後的一部經典之作《印度之旅》（A Passage to India）也來此拍片。此片獲得了奧斯卡獎最佳影片、最佳導演等十一項提名，**轟動世界**，從此卡朱拉候

的性愛神廟名聲不脛而走，傳遍天下！

卡朱拉候村當地人了解，這廟宇是他們的祖先留下的偉大遺產，對古蹟文物保護有強烈的責任感，與這世界遺產共存與有榮焉！

建築

卡朱拉候建築群一共分爲 3 個區塊：分別是西區，東區和南區；主建材是由砂岩建構而城。然而建築物本體的承載及各樓層建物之間構件及連接組合，並非使用砂漿的細石頭堆放而成，而是以榫卯接合依賴重力來強固建物的結構體。因此，每一個關節需要非常精確的計算。以拉克什曼神廟和五廟爲例，這兩座建築重達 20噸，僅以樑柱支撐上覆建物；至今千年，仍然固若金湯，真是了不起的工程傑作。

印度建築學院以比擬希臘雅典的帕德嫩（Parthenon）神廟面積多出兩倍、高 1.5倍的拉克什曼神廟爲研究藍本。並且計算出其需要使用的 20 萬噸岩石建材，若以今天的工程科技來評量，需要 7000 工人花費 150 年才能完成這項工程。這也是不可思議的印度奇蹟！

結語

卡朱拉候神廟和泰姬馬哈陵一樣，不論你先前看了多少資料，當你親臨現場，看見實景，你將不由自主的對它讚嘆不已，全然超出你的想像。🔶

救贖
帕坦城的王后階梯井

前言：在印度次大陸的乾旱的地區，從印度到巴基斯坦。歷史上印度階梯井的建造主要是功能性導向，用於應對季節性波動的需求，積極管理水資源的可用性。階梯井最早起源在五千年前屬印度河谷文明的摩亨佐達羅遺址中發掘到的遺址中圓柱狀的磚井，極可能是階梯井的前身。

女王階梯井全景

Rani-ki-Vav

地點：Patan, Patan district, Gujarat
座標：23° 51´ 32 N 72° 6´ 6 E
指定日期：2014
標準 Cultural:（i）（iv）

到了西元 6、7 世紀，處於乾旱區域的古吉拉特人建了大量、各種形式的階梯井。此時期的階梯井已超越之前對人的功利應用的功能性，如：在乾燥無雨的季節能藉地下階梯井獲得乾淨、清新的水資源，以供居民飲用、沐浴、動物和灌溉等等功用。不僅滿足居民的日常供水需求，也為旅行者提供了一個休息站，同時更是居民的聚會所、宗教祈禱和冥想的場域。在當時，除了賤民外，任何人都能自由使用階梯井。

階梯井發展到後來，逐漸進化成複雜的工程建築並且和宗教藝術結合，已超脫一般功能的水井，進而發展成為更多功能的建築物。至今在印度仍然保存不少經典精緻雕刻的階梯井，這些水井多數都建於西元 10 世紀之後，到了 16 世紀遮婁其王朝時，階梯井建築工藝達到頂峰。

女王階梯井傳奇

興建於 12 世紀的古吉拉特女王井（Rani ki vav）除了實際水井儲水功能外，更結合了建築工藝美學以及寺廟的心靈視野，堪稱是印度名列前茅的階梯井廟。

11 世紀時，遮婁其王朝期下的盟國——古吉拉特比馬王一世（King of Gurjara Bhimdev I），統治了古吉拉特和鄰近的拉賈斯坦約 40 多年。在其統治期間藝術和文化因得到王室的支持而蓬勃發展。興建不少堪稱經典的印度教寺廟紀念建築外，比馬王也大興土木重建了傳奇的索姆納特神廟及太陽神廟等等。

比馬王去世後，其遺孀烏達雅馬地女王（Udayamati）為了表達她對國王的深情及宗教信仰，在皇戚貴族的支持下，於是在首都帕坦附近的薩拉斯瓦蒂河岸建了

階梯井強固柱廊

偉大女王階梯井。此階梯井呈現錯綜複雜的建築工程技術，置入了大量巧奪天工雕刻的門楣與裝飾，並設置有數百尊印度教神祇雕像的萬神殿，可說兼具實用水資源和宗教心靈的殿堂，亦是當時赫赫有名的風景名勝。女王井的故事更被記載於耆那教史書中，傳頌至今。

然而，皇家女王水井於西元 1022 年至 1063 年之間，由於薩拉斯瓦蒂河河水氾濫成災，河流改變其路徑，因而被大水無情淹沒。在階梯井的盡頭，設有一座通 30 公里長的逃生隧道大門，因此有此一說是統治者有意埋葬了階梯井，以保護它免受到入侵的穆斯林軍隊的傷害。但無論情況如何，這座水井被洪水淤泥掩埋於滾滾歷史洪流中，逐漸在人們的記憶中消失了。

重見天日

直到 20 世紀 80 年代末，經由 ASI 的努力終於挖掘出女王水井。慶幸的是，淹沒於淤泥中的女王水井上華麗的印度教雕刻躲過了穆斯林的毀壞。在地方政府的協助修復下，雖然目前還無法恢復供水功能，但這中世紀的絕美工程已足使印度人歡欣鼓舞。

女王階梯井於 2014 年獲選入聯合國教科文組織世界遺產名錄。2018 年，女王階梯井獲選成為印度中央銀行發行的百元新鈔上的圖案，也成為印度世界遺產的首例。

印度階梯井的今昔

階梯井（Stepwells）是印度獨特的水資源和儲水系統，尤其是古吉拉特邦的水井，從原本簡單的設計逐漸成為繁複且多

元、精緻和雄偉的工程傑作。

　　以女王階梯井為例，從寬廣的地平面逐漸變窄深入到地下幾近有 7 層樓的深度，接著在每一個連續的水平斷點再隨著水位上升；通過狹窄的擋土牆後，便進入伸縮的視野。印入眼簾的便是高聳的亭台與神祕的精緻雕像，而強大的光影效果及清涼溫度，頓時令人在迷茫中耳目一新。

女王階梯井瞭望

是當時村民及遊人最理想的避暑勝地。階梯井根據其規模、佈局、建材等等來決定其形狀為矩形、圓形，或甚至是 L 形。建材方面則可以用磚石，瓦礫或磚砌成，在

印度沒有兩個水井是相同的，無論是簡單務實，或是具有高度藝術與宗教價值，每一座都具有其獨特的象徵性及魅力。

到了 19 世紀，隨著重要的遠程貿易路線版圖擴大更增加了階梯井的需求，因此無論在城市、村莊甚至私人花園等等，在印度各地如雨後春筍般建造起數千個不同規格的階梯井，多數同時為印度教廟。也因而階梯井廟如荒漠甘泉成了朝聖者和長途跋涉旅人的心靈休憩所。儘管階梯井至今已無地下水資源，但仍然具備了活躍寺廟功能。

工程學與藝術的壯舉

女王階梯井（Rani-ki-Vav）的階梯式的建築技法保有馬路古佳拉（Maru-Gurja-ra）建築風格，整體建物的細節與完美比例也反映出對此複雜專業的技術十足的掌握度。為了建造出一個突顯「水」的神聖性的「倒置寺廟」，獨特的建築工法是將寺廟內部水管理系統建為 7 層樓（底 3 層尚未開放）。從地面起始進入下坡階梯，

共分 7 個段落；一系列設有 4 大寬敞的亭子，以及向西增添了迴轉層。另有高聳的雕塑牆面，總共超過 500 個主要雕塑和 1000 個小雕塑，四處遍佈印度教神話以及史詩文學故事等圖像。

第 4 層是水井中最深之處；通往一個 9.5 公尺 ×9.4 公尺的矩形儲水槽，深度為 23 公尺。該井位於水井中的最西端，由直徑 10 公尺，深 30 公尺的豎井組成。

女王階梯井不僅以其非凡的建築結構和務實保有水源的技術等成就而聞名，其雕塑裝飾所呈現出的藝術造詣掌握令人驚

筏羅訶拯救地球之母 (Bhoomi Devi)

嘆。有隱喻及抽象的雕塑以及留白的空間等獨特精湛的美學創造出獨樹一格的宗教藝術特色。

錯綜複雜的雕塑

從女王階梯井的入口處，俯瞰第一階梯，井內共有 292 根柱子，大部分完好無

損。保存完好的內堂及一排排雕塑，可說是印度教儀式的萬神殿，這也是女王階梯井出色於其階梯井之最大特點是沿著下坡走道的側壁，數百個大型雕塑襯得牆上的神靈圖像個個栩栩如生。

看似錯綜複雜的裝飾性雕塑，實則井然有序；從古老的神話故事到世俗舞踏的精美藝術創作，即使有部份受損的狀態，仍是印度同類型的水井寺廟中最華麗盛大的。也因此人們稱之為「印度階梯井中的王后」。

數百個雕刻的門楣，每一個約 3¼ 英尺高；精緻細膩的圖像，都是由完整的一塊石頭雕刻。包括了大家熟悉的諸眾神如毘濕奴、梵天、甘尼薩和德維女神等，以及其他神話人物如恆河女神，代表自然界五行元素的瓦蘇斯神（Vasus）和閑散仙人等等（Rishis）在在唯妙唯肖的呈現。

其中非常特別的是一尊手持芒果的性感舞者，將腳伸長觸到樹上，象徵著強大的生育力量。還有一艘滿載樹葉的船隻，則是慶祝水的神聖性。水象徵重要的生命力，讚揚水的神聖性，是崇敬自然與心靈淨化不可缺的要素。

此處重量級的主題是保護神毗濕奴（Vishnu）的十種化身（Dasavatars），第九個化身佛陀的印象與一般熟悉的形象大不同。其因在於早在 10 世紀前，佛教已經從古吉拉特邦消失了，雕塑家已不再

廟姬女神像

熟悉與佛陀有關的圖像，而這尊佛陀雕像則是被視為毗濕奴的分身因而展現於此。這尊站佛身體微微彎曲，穿著一條短款纏腰布，著上衣且掛著粗糙的棉質腰帶，脖子上有一串念珠，還有一條長長的花環直到他的腳踝。佛陀頭頂上的捲髮象徵其超人性格，粗糙的衣著代表了佛陀的苦行。

當到達一定的水位時，將會看到毗濕奴斜倚在 1000 個蛇頭上的雕刻。毗濕奴的 10 個化身沿著牆壁刻建而成，以 Maru-Gurjara 風格的連環圖呈現，各式精美的雕柱和牆飾處處令人著迷的景象。

女王的救贖

除了巧奪天工的毗濕奴化身系列外，帕瓦蒂（Parvati）女神的懺悔（Parvati's five-fire penance）也倍受矚目。然而，可惜的是其最重要的壁龕卻已空無一物。帕瓦蒂女神在她前世為娑提因不堪受辱自焚而死，因而與丈夫濕婆神分開。帕瓦蒂女神表現出神聖的懺悔，這則神話很可能與女王和其丈夫生離死別的痛苦相呼應。兩條天上人間的平行線，卻是由一對夫婦的死亡來演繹。神話中娑提女神以虔敬心來彌補自己與夫君濕婆之間的差距，因此，女王透過此紀念碑來實踐她的虔誠，以安慰她與丈夫夫人兩隔的救贖？

往世書中記載著水的淨化在印度教是被視為吉祥的儀式。原本只是為求強固的附加工法，最後卻演變成使人賞心悅目目的獨特美學設計，成為女王井的一大特色。

自然人神共生的典範

經由今日印度考古學者的考察與修復，已經成功拯救了許多中世紀工程，如女王階梯井；古蹟保存是豐富印度歷史重要的步驟。同時亦喚醒世人驚嘆於數百年前的這些建築奇蹟，它們既提了古代文明的獨創性和藝術性，也提升了人類賴以為生的水資源價值。為了幫助保護和恢復女王階梯井，ASI 同蘇格蘭格拉斯哥藝術學院展開為期五年的合作夥伴關係。2011 年利用尖端技術為女王階梯井製作 3D 數據，大大提高女王階梯井的知名度，女王階梯井終於在 2014 年 6 月被聯合國教科文組織列為世界遺產。

女王井展示了在地千年傳統的技術和藝術高度完美結合的例子；其獨特的建築和雕刻，總是讓來自世界各地的遊客著迷。此地下階梯井建築結合了宗教、神話和世俗的雕塑與浮雕，構成了一個有趣的功能和空間美學，充分掌握展現了工藝和形象，表達出印度人真正的審美觀。

同時也代表了先人對水資源儲存系統與寺廟功能相結合的智慧，將讚頌「水」的神聖性作為一種崇敬的自然元素和人神並存的典範。▲

婆裟起舞
太陽神廟

沐浴在初升太陽光芒中的科納克太陽神廟（Konark Sun Temple），建築基座為太陽神的車為藍本是全世界 5 大太陽聖地之一、也是印度國內 7 個太陽神廟中最傑出的建築。

車形太陽神廟 - 左為主殿 . 右方為祭典表演廳

Konark Sun Temple

普里區奧里薩邦
座標：N19 53 15 E86 5 40.992
指定日期：1984 年
標準：(i)(iii)(vi)

如金字塔般 38 公尺高的主殿，氣勢磅礡巍然聳立於印度東部的奧里薩邦（Orissa），離孟加拉灣 3 公里，古代亦稱爲「黑塔」，是南亞海上貿易的燈塔。

太陽神廟是傑出的建築工藝代表作，並於 1984 年被聯合國教科文組織列爲世界遺產。神殿距首都布班內斯瓦（Bhubaneswar）65 公里，和印度教聖地——賈甘那神廟（Jagannath Temple）所在的普里（Puri）僅 65 公里，成爲奧里薩邦「旅遊金三角」，每年吸引來自世界各地的遊客絡繹不絕，是印度文化資產的瑰寶。

太陽神廟是 13 世紀，印度教國王爲紀念擊敗穆斯林侵略者，獻給太陽神蘇利耶（Surya）所建的神廟。傳說當時國王下令召集近 1200 名工匠、建築師和無數的工人，花費 12 年國家稅收斥資興建。然而竣工日卻因爲無法克服主體建築上的金字塔頂工程而遙遙無期。於是國王發出最後通牒，限期完成，建築師團隊總監比蘇馬哈拉納（Bisu Maharana）束手無策，於是請益 12 歲的天才兒童達馬帕答（Dharmapada）協助。怪異的是在完工後，居然

在海灘上發現他的屍體。另外有傳說奎師那之子桑巴（Samba）因麻瘋病折磨多年，經由太陽神蘇利耶治癒；為報答救命之恩曾協助修建此廟。捨命完成任務的神童及太陽神的恩澤等傳說，都為神殿添上了神祕色彩。

太陽神廟於 17 世紀遭蒙兀兒賈汗吉皇帝破壞，也遭飛砂走石覆蓋，荒廢了數百年。

殘缺中窺見建築之美

太陽神廟的建物基地和雕刻裝飾皆以火山岩石材為主體，建築群外形以太陽神蘇利耶的戰車為造型，前方矗立著 7 匹雄偉拉著戰車的馬（飽經摧殘後，如今僅 1 匹留存）。7 匹馬各自代表一星期的每一天。最吸引遊客目光的，便是二十四個軸心雕刻的車輪，直徑達 3 公尺高。車輪代表印度教的法輪（Dharma），也是日晷，經由太陽日照，可以提供極為精確的時

寺廟的牆壁上 24 個精心雕刻的石輪，直徑近 3.7 公尺由一組七匹馬牽引

間，各代表一天的 24 小時。

太陽神廟，原意是「太陽角落」。廟中有以黑石雕刻三大天神的巨型雕像，每天可吸收不同角度的陽光，分別是代表晨曦的創造之神梵天、中午熾熱的陽光象徵破壞之神濕婆、夕陽則是維護之神毗濕奴。透過工匠的創意和巧思，巧妙地將印度教的精萃置入建築體中。

太陽神廟金字塔形屋頂高達 30 多公尺。考究學上，金字塔主聖殿原有的 3 座太陽神像，其中 2 座已不復見，只倖存觀眾廳、一小部分的表演廳（Nata Mandir）和宴會廳（BhogaMandap），令人不勝唏噓。

然而雕像的姿勢多變，神情各異有著完美線條與比例，宏偉主體建築和周圍環境融為一體，其渾然天成的整體風格，將講究和諧的印度教意境闡釋得淋漓盡致。每一吋的寺廟覆蓋著一件件無與倫比且優雅的印度教傳奇雕塑，每座組圖或獨立的浮雕背後都是故事性十足，十分引人入勝。

生動豐富的浮雕藝術

太陽神廟內共有數千幅複雜多元和豐富的浮雕，其作品包括印度神話故事、鳥獸、音樂家、舞蹈家，狩獵和戰爭、宮廷和世俗生活點滴，還有近 2000 隻迷人活潑的大象，環繞太陽神殿基地周圍和變化萬千的植物藤蔓和幾何圖騰裝飾等等。

這豐富的造詣將奧里薩邦民族的品味與藝術才華展露無遺。人性化與平易近人的題材，讓這些浮雕藝術成為太陽神廟最亮眼的景點。

而太陽神廟裡出名的情色裝飾浮雕，主要集中在基座的上層。遊客們很容易被這立體雕刻中所表露的熱情、放縱、坦誠及近乎誇張的內容所吸引，令人直呼不可思議。

外界常認為印度佛教和耆那教具有禁慾主義的色彩，許多寶萊塢電影連接吻都看不到，以為這充滿神秘色彩的國家，是非常保守的。事實不盡然，從印度河文明的摩亨久達羅出土的裸體舞女雕像、阿旃陀石窟佛教的壁畫、吠陀經、性愛寶典（Kama Sutra）、代表濕婆神的男性生育力的靈珈與眾多女神的原神——帕瓦娣女神的性力（Shakti），乃至雙修的譚崔瑜伽（Tantra）。印度史詩《羅摩耶那》中的羅摩神是火神的精液，傾瀉到恆河並與恆河女神交歡而生，過程中鉅遺靡遺的描述，令人嘆為觀止。

德國哲學家黑格爾看到這景象也不禁說道：「我們西方人的羞恥感簡直都要被攪亂了。」

印度古代的法、利、慾的人生哲學，印度人從禁慾到縱慾，具有多元的面相。性和生命力息息攸關，是人類生生不息的象徵。從不同的世代及藝術呈現，到太陽神殿的浮雕，不論是典雅含蓄或熱情奔

放，古印度這方面的藝術成就，可說是登峰造極。

太陽神廟雖已不復當年的輝煌時代的規模，部份建築甚至已成廢墟，仍然不失當年的魅力。現存的建物，足以令人追憶昔日的風華。在此，考古學者隨手可得任何一塊無與倫比的藝術浮雕和任意闡述起動人的故事。詩人泰戈爾稱讚太陽神廟：

寺廟的牆壁上印度音樂舞蹈雕刻

「在這裡，石頭的語言，超過人的千言萬語。」然而，廟宇的整建維護是永無休止之日，所需的費用更是驚人。資金來源除了皇室、商人等外，附近香火鼎盛的普里的賈甘那神廟則是最大的贊助者。

太陽神廟旁的聖河，早已乾涸，3公里外的孟加拉灣，海浪拍打著岩岸緩慢低沉的聲音，依稀可辨。令人遙想起中世紀，樂聲悠揚婆娑起舞的奧迪西舞蹈，莊嚴典雅，夕陽西斜的太陽神廟，美麗迷人。

奧迪西舞蹈傳奇

科納克太陽神廟的納塔迪爾舞蹈廳中，最重要的是印度宗廟的舞蹈浮雕。這刻畫近千年端莊優雅又千嬌百媚，栩栩如生的舞蹈、舞姿，在中世紀時，因為穆斯林的入侵與摧殘，任由傳承了數百年的經典舞蹈與雄偉神廟一同流失與荒廢。20世紀中葉，奧迪西舞蹈宗師摩何巴特拉（Guru Sri Kelucharan Mohapatra）前往太陽神廟研究、模擬、考證舞蹈浮雕，試圖重建古代宗廟奧迪西舞，使其重新大放異彩。舞者身著手工縫製的精美服飾，金銀線交錯，花圈頭飾，如同太陽照耀，隨著頭、胸、軀幹形成3道彎，加上那千變萬化的手勢和臉部表情，細緻傳達印度神話中那喜、怒、哀、樂的情緒。如今太陽神廟成為奧迪西古典舞蹈的聖殿，每年2月在露天的太陽神廟舉行的國際科納克音樂舞蹈節（Konark Dance & Music Festival）與12月舉辦的科納克藝術節（Konark Festival），吸引全世界的藝術家及遊客來此朝聖。🔔

佛教

Buddhism

西元前二世紀年代屬於南傳上座部佛教 chaityagriha

佛陀萬神殿
阿旃陀石窟

全印度共有 40 多座石窟，其中阿旃陀可作爲印度石窟代表。阿旃陀（Ajanta）一詞源於梵語「阿謹提那」，意爲「無想」。古代佛教徒將石窟作爲佛殿、僧房使用，石窟也是古代印度佛教思想表達和修行實踐的場所，而阿旃陀石窟也是保存早期佛教造像最完整的佛教聖地。

Ajanta
馬哈拉施特拉州，奧蘭加巴德
座標 N20 33 11.988 E75 42 0
指定日期：1983

阿育王時代，阿旃陀石窟位於 Maharattha 意譯爲「摩訶羅託大國」。阿育王曾派遣高僧到此弘法，傳說阿折羅阿羅漢在此開山鑿窟，歷經數百年，終成一處綿延 500 多公尺，開鑿 29 窟的宏大阿旃陀石窟。隨著中印文化交流傳入了中國，深深地啓發了敦煌莫高窟、雲岡石窟、龍門石窟，使中國石窟藝術也得到了高度的發展。

玄奘於貞觀十二年（西元 638 年）到南印度摩訶剌侘國，訪問了伽藍，而伽藍就是指阿旃陀石窟。

伽藍是僧人念經禮拜聚集的地方，就有如我們現代所稱呼廟一般。玄奘還提到，西元 5 世紀著名的佛教哲學家陳那，曾經在此修行。在其鼎盛時期，這裡容納數百名阿闍黎與和尚，阿旃陀石窟遂成爲許多僧人養成的靈修中心。

阿旃陀石窟分兩個階段完成：第一階段建於西元前 2 世紀左右，第二階段建於西元 400-650 年左右。建造年代約從西元前 1、2 世紀至西元 5、6 世紀，營建達七百餘年。隨佛教衰微，石窟終被遺棄、被蔓草湮沒於荒野中無人聞問，直到 19 世紀才重見於世。

這佛教石窟中的繪畫和雕塑可視爲宗教藝術的傑作，特別是佛教本生經繪畫故事（Jataka），被 ASI 稱爲史上「最完好的印度藝術」。阿旃陀石窟群已於 1983 年被聯合國教科文組織列爲世界遺產。

地理

古印度佛教藝術遺址，位於馬哈拉斯特拉邦境內，距奧蘭加巴德市北邊 106 公里處阿旃陀村，背倚文底耶山，面臨古爾納河谷懸崖，峭壁離崖底 70 公尺，整個石窟群長 500 公尺，29 個洞窟呈鐮刀形展開在崖壁上，是擁有千年歷史的石窟，

阿旃塔沿山石窟

充份展現宗教的力量及古印度人的建築工程和審美觀。

歷史的大發現

即便海德拉巴的伊斯蘭尼紮姆王朝在的石窟之間建立了登山步道，在 19 世紀，若要到阿旃陀石窟訪問，仍然是一個相當大的冒險之旅，群山萬壑的峽谷、毒蛇猛獸和當地原住民的毒箭，都是危機四伏的歷險。

1819 年 4 月 28 日，馬德拉斯總督府的第二八騎兵團的英國軍官約翰·史密斯前來獵虎時，意外在追老虎時發現一個纏繞糾結的灌木叢石窟。當他到達時，在入口處似乎有當地居民使用了火向石窟拜拜的痕跡。經過他的探索，石窟內沒有發現任何鳥類、蝙蝠和其他動物的巢穴，於是他站在二公尺高石窟上上他的名字「史密斯上尉，1819 年 4 月 28 日」，這刻字仍然在石窟中。這處即為今日最為觸動心靈的第 10 窟，這大發現於 1822 年，透過了孟買文學社報導了這故事。由於第 10 號太了不起石窟的壁畫，即使被荒煙蔓草入侵，仍然充滿了佛光和藝術價值。

石窟被發現後，於短短的幾十年間聲名大噪，這令人印象深刻的建築，成為在印度的英國人著名的考古景點，除了佛教建築，其中最重要的是獨特的畫作複製及保存。在 1848 年，英國皇家亞洲學會成立了「孟買石窟寺委員會」，期許以科學方法，清晰地整理並記錄石窟遺址的位址，並令當時的孟買總督（JW）身兼 ASI 的理事長。

藝術特色

阿旃陀石窟藝術，可分為建築、雕刻、繪畫三大部分。阿旃陀石窟，在印度的古建築歷史上，占有重要地位。它的雕刻也具特色，所幸藏於洞窟中，多未被自然侵蝕並免於異教徒的損毀。其中以繪畫尤為可貴，可惜岩石風化嚴重，其未來保存堪慮。

阿旃石窟陀驚豔的壁畫

石窟群建造的年代歷經百乘王朝（西元前 230-220）年到伐迦陀迦王朝，相當於藝術文化的黃金時代的笈多王朝（西元 320-650），阿旃陀歷經 700 年之久的進化，石窟氣勢壯觀，景色優美。洞壁上刻有精美的壁畫，栩栩如生的記錄了佛教藝術、歷史和幾個印度的王室生活。

人類藝術的瑰寶

阿旃陀壁畫內容相當豐富，尤其是晚期的壁畫比前期更臻完美，最為世界所矚目。無論是構圖、線條亦或色彩，都能人產生無限的懷想，達到了印度古繪畫術的高峰，並且對佛教所傳播的各個國和地區，也有著非常深遠的影響。

左上：洞窟 1 象徵慈悲的觀音，早期為
蓮華手觀音（Padmapani）
左下：受世俗生活
右上：第 17 窟 畫作
右下：佛陀畫像

中國畫大師張大千在印度開完了畫展後，直奔到嚮往已久的印度著名佛教石窟阿旃陀石窟，對壁畫有很高的評價。阿旃陀以其壁畫藝術著稱於世。約半數的石窟繪有壁畫。由於洞窟開鑿的年代不同，出現的差異化所致，呈現出 3 種不同風格，一般認為後期畫家更為進取，更具當代風格。

是最早是，其中第 1、第 9 支提堂，原始小乘佛教是沒有雕刻佛像的，其門外的雕刻及佛像是後期增建的壁畫殘片，似為最早的壁畫。畫中以本生故事為主，以象徵性手法來表現，如法輪、蓮花、白象等。第 16、17 窟為第二期壁畫，約繪製於 6 世紀左右，以人像和建築圖案的配合為特色，構圖富於變化，線條流暢，筆法洗鍊，色彩絢麗，內容多為佛教宣傳。

第 1、2 窟為第三期壁畫，約繪製於 7 世紀左右，風格相仿，創作的目的是奉皇帝想法的畫作，畫中的佛陀本生故事，呈現佛陀成佛之前宮廷生活，世俗性題材增多，如帝王宮廷歡宴、狩獵、朝觀的場面，也包括了飛禽走獸、奇花異卉等等，構圖活潑，栩栩如生。其中包括了有名的波斯使節來朝圖見證了波斯和印度的友好歷史。其中最有名手持蓮花觀世音（Avalokite's vara）菩薩其中最有名的壁畫像及國王與美妃宮女都在第 1 窟。

所有的畫似乎和當時裝飾宮殿、廟宇的創作大同小異，並展現出多彩多姿的

第 17 窟 畫作

第 17 窟的陽台天花板上的畫作

洞窟 19 這個洞穴是一個宏偉的大乘佛教寺廟大殿和整個最初畫的。外立面被認為是執行和精緻裝飾方面最優雅的外觀之一,並設有拱形的窗口。

入口處有 2 個精美的站立佛像。內部處於前面所見的佈局中,兩排裝飾華麗的柱子通向站立佛像的背面和周圍,這裡位於細長的佛塔前面。這座高聳的神殿上面有 1 個三重石傘。

生動富裕宮廷生活。同其他印度的畫風不同,構圖不限放長條橫幅,有些是在畫的中心主題,再向外擴散的大器之作,有些是隨牆面的造形上下、左右自由發揮,沒有明確的邊界,充滿豐沛的生命力。此外,連天花板都繪有複雜和精細的雕塑裝飾圖案。從古印度文學的描述,這些畫作深受笈多王朝的讚賞。

綜觀在西元 5 世紀時,石窟的畫作大致上已到達完成的階段。不過後來再入洞

深入挖掘考古時，又在第二和一六號的洞窟中，再度發現準備中的繪畫材料，成為未完成的繪畫的見證，人們推測時間約在西元 5 世紀。

阿旃陀後期壁畫的表現，極重視人物神情刻畫和意境的表達，多富有抒情氣息，深受西元 2-5 世紀「樂舞論」的美學概念「拉剎」（Rasa）情味影響。這拉剎包括了艷情、滑稽、悲憫、暴戾、英勇、恐怖、厭惡、奇異等 8 種拉剎，這世俗的喜怒哀樂，和神聖的宗教予盾反應在畫作中，成為阿旃陀壁畫引人入勝的魅力。

石窟壁畫臨摹

史上第一位將阿旃陀石窟壁畫臨摹的人，為殖民政府時代的羅伯蓋爾少校（Major Robert Gill）。他費時 20 餘年，臨寫壁畫，在 1866 年時在倫敦水晶宮展覽，因為不慎，幾乎付之一炬。

如今他所臨的壁畫，僅存五幅，藏於英國博物館中。之後，在 1872 年時孟買藝術學校校長 John Griffith 和他的學生的合作下，花費十年臨寫壁畫，亦送往維多利亞與艾伯特博物館，有 125 幅，包括其他被火銷毀自臨 56 的 87 幅。此外校長自臨 56 幅，至今尚陳列於這座博物館。1896 年 John Griffith 出版了《阿旃陀佛教石窟畫冊》一書，是後人研究阿旃陀的重要著作。從此，阿旃陀藝術成為佛教藝術的顯學。

洞窟 19 佛塔崇拜大廳

鬼斧神功的建築

阿旃陀石窟的建築形式，分別為支提窟（塔廟窟 Chaitya-griha）與毗訶羅窟（僧舍 Vihras）兩類。支提窟中央鑿設「窣堵波」（佛塔），在第 9、10、19、26、29 窟為支提窟外，餘皆為僧舍。

這兩種洞窟特色鮮明，辯識容易，石窟外有列柱的前有門廊，都是毗訶羅窟。如果洞窟呈現大拱形門面，與毗訶羅洞前廊列柱的外觀迥然不同，這便是支提窟。這兩種洞窟，外觀顯著不同，它的內部結構方法也不一樣。毗訶羅窟的入口，為左右展開的形式，而支提窟則為上下展開的形式，使外觀平衡充滿和諧之美。支提窟當中置窣堵波（佛塔），為天然岩鑿，內殿四周鑿列造柱，窟頂多仿竹木構雕鑿，早期如第 9、10 兩窟的建築模仿木構造的痕跡非常顯著，裝飾簡樸。初期百乘王朝期石窟，缺乏具象的雕塑，只強調佛塔。到了後來絕大多數的雕像，呈現佛陀的苦行，或敘述他生活中的場景為其特色。

到中、晚期，石窟建築構複雜，裝飾更趨精美，其中包括一些早期的石窟也被

英國軍官發現的第 10 石窟

更新。斯賓克聲稱,這一時期的建築藝術已達到一個非常高水準,形成一個不同的面向。如第 19、26 兩窟是後期的代表作。19 窟正門設窗戶,窟中設直通穹頂的窣堵波塔,塔上雕鑿佛像,供信徒繞塔朝拜,此窟的窗型及窟中立塔,在中國雲岡、敦煌、鞏縣等石窟中,都可以看到這種風格的影響。第 19 窟精雕的華美列柱和板框上採花女子像及蛇王納迦國的伐樓拿的雕像風格和印度教類似;或許該地區於 5 世紀已逐漸變成印度教信仰有關。26 號窟是 2 層樓塔形窟,頂部為圓穹頂,模仿木構建築雕鑿出椽子,其窣堵波為前方後圓形,窟室中有佛陀降魔和涅盤等雕刻,為石窟中規模最大的建物。 第 16 窟中說法佛的造像,雕刻技法純熟,人物力量充沛,足為阿旃陀石雕佛像的傑出代表。此外,一些石窟四壁佈滿佛傳和佛本生故事的浮雕,石柱上雕有活潑的飛天等神話故事。

晚期的雕刻更豐富,其中著名的如 26 窟佛陀降魔和涅盤的場面、第 1 窟高大的釋迦牟尼雕像,都說明此時期像的規模更加擴大,人物刻畫細膩精巧形態優美,確為笈多古典風格藝術的典範。

阿旃陀的雕刻品,可分為佛教造像與裝飾藝術。早期作品由於風化殘損,已很難辨認,到了中期,雕刻藝術更趨成熟,晚期則達到十分精美的程度,創造出許多

下:洞窟 8 為阿旃陀最古老的洞穴之一,建於西元前 150 年左右屋頂曾經裝有木製肋骨,隨後倒塌。

小乘佛塔

上、下：第26 窟 是一個大型的崇拜 支提大廳，及一排精美雕塑。3 公尺高的窗戶兩側是雕刻的佛像浮雕。26 根柱子圍繞圓柱形佛塔以一個細長的半圓形運行，圓形佛塔裝飾著佛像。牆壁上裝飾著雕塑，包括瑪拉的誘惑，

優秀作品。如屬於中期的僧舍，內部陳設簡單，有石床、石枕和佛龕。

主題內容

佛教起源時的第一個階段，通常被稱小乘階段，因為小乘佛教占傳統的佛教主導地位，為佛陀崇敬的象徵。然而，歷史學家對這論點提出質疑。同樣的石窟，在第二期，如今又被稱為大乘佛教的階段，這一階段的佛教藝術還沒有充分展現超自然力量的特點。

意義影響

在阿旃陀石窟的研究調查及考古上，玄奘的《大唐西域記》，法顯的《佛國記》扮演了很重要的關鍵，成為考古者賴以探查的根據，遂能夠使石窟的古代藝術重現人間。中國文獻對於印度的古文史和考古工作，貢獻很大是舉世公認的。

這阿旃陀鬼斧神工石窟群，集建築、雕刻、壁畫，融三者於一體，展現輝煌燦爛的藝術成就，成為印度遺產的極致。它同時也是重要的史料，深深影響中國、韓國、日本的佛教藝術。西藏仁波切說：未看過阿旃陀不能說懂得佛教藝術。

阿旃陀雖然取材於佛陀的生平事蹟及宗教的演繹，但卻如實地反映了當時印度古代宮廷生活和當時社會的榮景，天上與人間、真實與幻想交錯。而鳥語花香、大地萬物都是靈感之源，充實富饒，絕對是印度藝術的殿堂、印度珍貴的古代遺產。🔔

釋尼迦牟尼圓寂臥佛像的 9 公尺斜倚圖像及他的追隨者哀悼。

佛學知識之源
那爛陀大學

那爛陀（Nālandā）大學是位於北印度比哈爾邦的古老高等教育中心。該遺址距離王舍城（Rajgarh）北方約 17 英里，離大城巴特那東南方約 88 公里處，是西元 5 世紀至西元 12 世紀間的重要宗教學習中心。

佛塔及斷壁殘垣

Nalanda Mahavihara at Nalanda

比哈爾邦
座標 N25 8 12 E85 26 38
指定日期：2016 年
標準：（iv）（vi）

即使其在 12 世紀時曾消聲匿跡幾世紀，在考古學家們眾志成城努力下，古老的那爛陀遺跡，重現於世人面前，仍然展現著古老的輝煌智慧。

梵語「那爛陀」三字意爲「施無畏」或「無畏施」；也有人說這源自 nalam 一詞，爲「蓮花」（知識的象徵）和「賦予」雙意的複合字，有「屈服」之意，也因此「那爛陀」意味著「提供知識的人」。那爛陀從原來佛教的聖地演化成傳播知識的那爛陀大學，以上所提 2 種不同的源由意涵可說貼切那爛陀的演化現象。

傳說此地原是庵摩羅園，後來 500 商人捐錢買下此地獻佛，佛陀在此說法 3 個月。後來摩揭陀國王鑠迦羅阿迭多開始在此興建佛寺，後世歷代君王包括孔雀帝國阿育王也營建了各種大小規模的舍利塔、寺廟、寺院等，使此地成爲獨樹一格、遠近馳名的佛教聖地。

那爛陀大學到了 5 世紀時期笈多王朝的黃金時代，鳩摩羅一世大君（Kumar-gupta I）開始大力贊助，歷經五王的投入護持，其儼然從 1 座供僧眾修行的寺院，逐漸成型形成爲完備佛學知識理論及科學

大學園區

阿育王始建舍利佛塔

研究的學習中心。這使得那爛陀成為世界上最古老的大學之一，引領風騷，成了佛教傳承的智慧殿堂。

那爛陀與歷史聯接

據傳，那爛陀可能是釋迦牟尼佛前世的出生地，因而有佛陀經常來那爛陀打坐冥想說法。此外，此處也是佛陀「智慧第一」的弟子舍利弗（Sariputta）的出生及圓寂之處。目前園區中最醒目、樓高 3 層的舍利佛塔就是舍利弗的紀念塔。

據說在舍利弗去世前不久，曾同佛陀及目犍連尊者在安婆拉園（Ambalatthika）漫遊，當時佛陀說法講到「獅子的吼聲」的論述，舍利弗聽聞後歡喜隨喜。安婆拉園林是從摩揭陀到那爛陀王舍城必經的道路，也因此此處成了舍利弗展現對佛陀法教信心之地。

歷史學家在耆那教的文本中讀到其創辦人教伐達摩那（大雄尊者 Vardhama-na）最喜愛造訪那爛陀。大雄尊者在那爛陀度過了多達 14 個雨季的時光。當時，那爛陀是非常繁榮的寺廟城市，亦是地靈人傑的聖地。

佛學家的搖籃

西元 5 世紀，時值印度教興起，大乘佛教盛行，宗教自由蓬勃發展。君王鳩摩羅笈多一世出資修建那爛陀寺，使之成為古代最完備的大學。根據玄奘大師《大唐西域記》中記載：那爛陀寺規模宏大，大學內有 3 座圖書館，最高達到 9 層樓。高峰期曾多達 900 萬卷的藏書，教師約莫 2000 名，其中精通三藏者達 1000 多人。著名的唐代佛經翻譯大師義淨法師說道：那爛陀大學每日設有 100 多個講壇，學習課程包括了大乘佛典、天文學、數學、醫藥等。最盛時期有萬餘名僧人學者聚集於此，來自中國、波斯、斯里蘭卡、西藏、韓國和印度尼西亞等地的僧侶和學者接踵而至前來學習。

據了解，那爛陀大學不僅致力於佛教文本的研究，同時也對印度教哲學、吠陀經和神學等有所探討。此外，亦設有因明邏輯、語法、語言學、醫學和各種科學等學科，數學和天文學、政治、戰爭及應用藝術等研究領域亦不例外。參舉凡對知識所涉及的，那爛陀大學應有盡有，囊括了一切教育議題，其規模在當時儼然已是一所國際學府，同時為全印度笈多文化矚目的學術中心。

超越宗派的創新教育體系

傳統印度的教育是古魯（Gurukul）師徒系統，學生到老師家，老師以口傳心授法（oral teaching）學習。因此後來演變成學生們到那爛陀大學這樣大型學校學習，這樣的教育體系在印度是創新的。老師以各種明確的教學方法如圖示後進行提問、討論和辯論，借助比喻和故事澄清不

考古博物館

竹林精舍

同的想法。大學錄取則要經過嚴格的口試，以維持學生的品質。那爛陀大學將宗教與世俗相結合，向學生提供超越宗派教育體系的創舉，也連帶影響著其他著名的印度大學，如：瓦拉納西的貝拿勒斯大學、少林寺自達摩祖師造訪過的南印度甘吉布勒姆（Kanchipurami）大學及知名和塔克西拉（犍陀羅古老的佛教國家）等等。佛教世俗化研究於此開啓，可見一斑。

中國的見證

到了西元 8 世紀時，那爛陀儼然成為金剛乘的學術中心。在草創初朝來自南印度的佛學家龍樹菩薩和其他無著、世親、陳那、護法、戒賢、法稱等大師皆是那爛陀寺德高望重的主持。

中國方面，最早造訪那爛陀大學的是 4 世紀末的法顯法師，之後是玄奘、義淨、慧立等法師等不計其人，都先後曾在那爛陀寺遊學過。其中玄奘法師在 7 世紀訪印度時說：「即使今多數佛教塔寺傾圮，小乘佛教僧伽已減少；唯獨那爛陀寺獨興。」博學好學又聰明過人的玄奘師追隨戒賢法師，在那爛陀研習 5 年，而後成為受敬重的代理住持。

對佛教的影響

從那爛陀的研究中，出現了 2 大佛教傳統。首先是今天最普遍的大乘，並擴展到中國、越南、韓國和日本；其次，藏傳

王舍城七葉窟佛教歷史上第一次大集結地

祭壇

王舍城靈鷲山

佛教金剛乘或從上述衍生而來。更確切地說，藏傳佛教是源於那爛陀修道院傳統的純粹血統，達賴喇嘛稱自己是第 17 位那爛陀大師血脈的追隨者。

佛教學府的衰落

當玄奘將離開印度時，他感覺到那爛陀即將消失的不祥預感。那爛陀固然有皇室的庇護，享有多項特權，但當時正值 7 世紀，婆羅門的印度教吹起一股復興運動，由南印度的巴蒂雅瑜伽（Bhartiya Yoga）風起雲湧的傳播到東印度。而西印度受到了中亞的伊斯蘭威脅，寺院中佛教逐漸失去關注的氛圍越來越強。為求生存，到了帕拉王朝，傳統的大乘佛教和小乘佛教形式開始結合了金剛乘的實踐，但受到人民的批評，發展停滯。

到了 11 世紀以後，帕拉王朝衰落，包括政治、哲學和道德規範方面皆無法突破，反而轉向贊助附近新起的維克拉馬西拉大學（Vikramasila 印度著名的密宗佛教

小舍利子

知識學習中心），缺乏皇室的大力支持，可能加劇那爛陀學府的衰落。

當時密宗主義似乎已經融入佛教主流思想，但至今沒有明確的證據證明此論述。

穆斯林之怒火毀滅那爛陀

1193 年，那爛陀大學被德里蘇丹國王卡爾吉（1290-1320 年）猛烈攻擊，造成難以估量的破壞。由於卡爾吉竭處心積慮要力根除佛教，縝密計畫，設計裡應外合，導致成千上萬的僧人被活活燒死和斬首。至於存放在大學裡無價百萬圖書手稿，也肆無忌憚地被燃燒殆盡。燃燒的煙霧籠罩著天空幾個月後盡才成了灰燼，慘況可見一斑。此後，這個曾興盛一時著名的大學在狂熱穆斯林入侵者手中幾近毀壞殆盡。

然而，彷彿奇蹟般，後來有西藏人於 1235 年訪問該遺址時，竟見著一名 90 歲的老師剌胡拉（Rahula Shribhadra）正帶領一個約 70 名學生班級上課，非常鼓舞人心。多年後這師生教授學習的景象似乎是那爛陀大學的殘餘微光再現。在衰敗中仍然有人在稀少的資源下繼續奮鬥，

相傳直到最後一位學生畢業後這位大師才離開。幸運的是，雖然大部份寺院在 12 世紀穆斯林入侵時遭受毀壞，但仍部份建築物依舊存在，且多數僧侶在軍隊褻瀆之前已經順利逃亡。

玄奘的描述

玄奘在其著作中留下這獨特的古代大學的氛圍和面對建築的欣喜若狂的記錄。

西元 7 世紀，玄奘留駐在那爛陀大學期間，詳細地描述了學府景緻：時常佈置的塔樓、亭台和寺廟以及密佈的森林，彷彿「翱翔在天空中的霧氣之上」，留宿宿舍的僧眾可能看見「風和雲的聚會」。此外，還有一個蔚藍的水池圍繞著寺院蜿蜒而過，像一個裝滿了藍色蓮花不停流動的杯子，可愛鮮豔奪目的紅色花朵四處懸掛著，芒果樹叢為學院提供了豐富的色調。

其中笈多國王經常造訪的寺院是充滿古老的貴霜建築風格。庭院周圍有一排宿舍，興建這裡建物其中最著名的贊助人便是阿育王和戒日王。

近代的考古挖掘工作於此挖掘出精心設計的結構。考古挖掘成果顯示，那爛陀大學總面積覆蓋了至少 1 英里長、0.5 英里寬的區域，整個學園被牆圍所包圍環繞。寺院建築物和附屬的佛塔是按照最初的規劃建造成的：排成一行，井然有序。大學中央有 7 個大廳，有 300 個小房間的教室，這些建築物上層的房間高聳入雲霄。由此可見，當時學院的塔樓寺廟和寺院等建築樓層已達到令人印象深刻的高度。

另外，呈現深藍色和半透明的池塘，覆蓋著藍色的蓮花，也學院學術氣息增添了些柔和色彩。池塘並為大學及寺廟提乾淨水源和鮮花。

玄奘

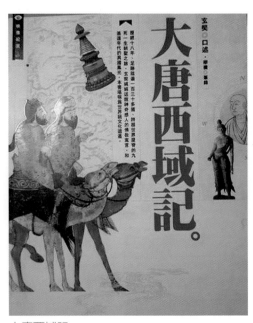

大唐西域記

玄奘和義淨法師對那爛陀大學描述的文本紀錄，後來都成爲那爛陀大學考古學家的線索及歷史流變最重要的佐證。

義淨法師描述

中國的義淨法師於西元 673 年到達當年的耽摩栗底國，位於現今西孟加拉（Midnapore）附近；兩年後抵達那爛陀寺，在此停留了 10 年之久。他在《大唐西域求法高僧傳》中記述如下：「那爛陀寺宛如一座方城，四周圍有長廊；寺高 3 層，高 3 到 4 丈，用磚建造，每層高一丈多。橫樑用木板搭造，用磚平鋪爲房頂。每一寺的四邊各有九間僧房，房呈四方形，寬約一丈多。」

又曰：「僧房後壁乃是寺的外圍牆，有窗通往外。圍牆高 3、4 丈，上面排列人身大小的塑像，雕刻精細，美輪美奐。」義淨法師對那爛陀寺的格局、建築樣式、寺院制度和寺僧生活習慣以及學校課程等等皆鉅細靡遺記載下來。

其他建築簡介

那爛陀寺中金碧輝煌的佛像是會眾中心修持禮敬的場所。那爛陀大學從幾個世紀前起，每位國王於登基時都來此增建寺院以累積功德利益。印度教和佛教徒也繼續捐贈建造新建築，直到 11 世紀時才逐漸停止。

那爛陀大學建築爲是當時建築界的典範：大學占地總面積大約超過 15 公頃，除了有 8 個獨立的建築物和 10 座寺廟外，還有許多其他可供禪修的大殿和教室宿舍等，戶外則有湖泊和公園。

大學圖書館位於 1 棟 9 層樓高的建築內，那爛陀當局認爲沒有圖書館的寺院就像沒有軍械庫的城堡。圖書館是大學的靈魂所在，其豐富的藏書足以滿足數百名教師和數千名從事不同科學研究的學生的需求。

那爛陀大學圖書館被稱爲眞理之山（Dharma Gunj）或眞理之寶（Dharma-gañja），是當時世界上最著名的佛教知識庫。這也是吸引中國及各國學者不辭千里到那爛陀學習最重要的原因之一，以獲得神聖佛典手稿爲已任。玄奘留駐在那爛陀時據說一共取得了 657 部經文。

莫怪乎，圖書館被稱爲眞理之寶。知名的蓮花生大士也在那爛陀擔任過住持，其手稿在西元 10 世紀到 12 世紀間於此複製收藏。蓮花生大士一生對佛法的護持與傳播不遺餘力，直到西元 762 年圓寂爲止。那爛陀大學即便中期有所中斷，隨後的幾個世紀中仍然在各地傳承，傳揚的佛學永不滅。

藏傳佛教那爛陀的香火

由於先人的耕耘，留下豐富的資產，那爛陀大學而後成爲後世藏人眼中藏傳佛教重要的寶庫與象徵。西元 1351 年，西

藏也建立了 1 座同名為那爛陀的寺院，並固守其中的「哲學學派」。西藏的那爛陀寺院同時容納了不同教派的僧侶進行合議，在此講道和辯經聲於此此起彼落從不間斷。

對於在印度及西藏各地流離失所的僧眾而言，這裡是一個人道的避難所。西藏那爛陀寺以印度那爛陀的自由文化傳統為根本精神，因而相當自豪地賦予那爛陀的名號。西藏學校也建了 1 座類似那爛陀珠寶如海洋浩瀚的圖書館。這巨大的多層次的建築是校園重要的一部分；不幸的是，傳說出現在 18 世紀時一把古怪的自燃火焰中將其燒毀了。

無論如何，西藏那爛陀寺院所保留下來部份悠久的手稿，無論是印度那爛陀原創作還是佛經複製書，於歷史文獻中占有一席之地。

達賴喇嘛尊者曰：藏傳佛教受古代那爛陀大學與龍樹大師的學術傳統極大的影響力，因此視那爛陀為西藏佛教之根源。

考古

在 1860 年代，知名的英國考古學家亞歷山大・康寧漢（Alexander Cunningham）根據玄奘的記載，將那爛陀區域未開挖的遺跡確定為那爛陀大學（Nalanda University）遺址，隨後並深入進行相關

建築遺址

調查，且持續挖掘約 20 年之久。到目前為止，挖掘出來的部份只有整個遺址的十分之一，絕大部分遺址仍埋在現有村莊之下。現在的 ASI 承續英國政府的未盡之業，維護遺產良好。歷史使人心痛，已去不回，珍惜現況才是上策。

1915 年，印度政府考古局又在一片遺跡廢墟中挖掘出許多精美的佛教石雕，上面雕刻許多佛本生故事。此外相繼出土的還有銅像、銅盤和印章等；其中有枚刻有「室利那爛陀摩訶毗訶羅僧伽」之印，甚為珍貴。大部分出土文物都在那爛陀寺對面的博物館內展覽。

參觀重點

入園後沿著一面面高聳的焦紅色磚牆行走，可看到 6 座磚造寺廟和 12 座僧院。那爛陀寺分為僧院區和教學區。僧院區由大致相近的院落所組成，一共有 12 座。每個院落的四周，排列著狹窄的僧房。院子內放有石桌、水井和廚房，每個院落外有走廊可通向外面。

教學區內有寺廟和佛塔，佛子主要在寺廟裡學習佛經。周圍散佈著許多佛塔，其中最富氣勢引人注目的是西區那座 9 層樓高的舍利弗之佛塔，此塔及廟由阿育王所建。外觀雕有精美的圖案，角樓的壁龕中雕刻著佛陀在菩提伽耶、王舍城和鹿野苑弘法的故事。

那爛陀願景

今日印度政府已經開始進行復興那爛陀大學相關計劃。隨著那爛陀大學法案在議會通過，中央政府和州政府及外國政府及民間組織已開始致力重整工作，希望再次促成那爛陀為世界一流的學術機構的願景。而籌備多時後，那爛陀大學榮景終於重現世人眼前，在 2014 年 9 月 1 日正式開學，首期只招收 15 名研究生與博士生。目前現任名譽校長是前新加坡外交部長楊榮文。

附近景點

那爛陀考古博物館

那爛陀考古博物館展出了在那爛陀以及附近的王舍城出土的古物。在 13,463 件商品中，只有 349 件在 4 個畫廊展出。

玄奘紀念館

玄奘紀念館是由印度中國通力合作興建而成；旨在紀念著名的佛教僧侶和旅行者，並在紀念館展示中國僧人的骷髏骨組成的遺物。

那爛陀多媒體博物館

毗鄰出土場地的另一個博物館是私人經營的那爛陀多媒體博物館。通過 3D 立體動畫和其他多媒體演示展示了那爛陀的歷史。🔺

佛塔的濫觴
桑吉

舉世聞名的桑吉佛塔位於印度中央邦,距離繁華的首都博帕爾(Bhopal)只有40公里,交通便捷。

3號塔

Madhya Pradesh

中央邦
座標 N23 28 45.984 E77 44 22.992
指定日期：1989 年
標準：(i) (ii) (iii) (iv) (vi)

桑吉位於山丘上寧靜，環境清幽，保存了相當完善的佛塔。其歷史悠久，承載了 2000 多年來佛教從初期到現今的流變，在印度佛教藝術史上可說是絕無僅有的佛教活化博物館。

根據相關的佛教文獻記載，桑吉最早歷史可遠溯至到西元前 2400 年，佛滅後，八王分得舍利，因而建造了 8 座舍利塔供養而起。在「無佛像時代」，舍利子佛塔就等同佛陀象徵。當時佛塔如雨後春筍般的被廣建供養，其主要用來存放舍利子、聖者骨灰及宗教法器等，因此又稱爲舍利子塔，是早期佛塔的濫觴。

歷史溯源

從多方的考古文獻銘文中可了解到，桑吉佛塔同阿育王的休息相關。阿育王的一生充滿了傳奇；他起初僅是位毫不起眼的王儲，被其父賓頭娑羅王（西元前 297-西元前 272 年）派到優禪耶尼（Ujjayini）當總督，而因認識了當地富商女兒，同時也是位虔誠佛教徒的黛薇（Devi）。某年，年邁君王病危，阿育王趕回巴特那京城伺機爭取王位。勇猛且具強烈企圖心的阿育

王，藉由眾大臣的助力，在眾兄弟廝殺中勝出，最終順利即位成為孔雀王朝第三任的國王。

而後，阿育王開始了一場場殘暴的擴張，連年征戰。在羯陵伽之役時，死傷超過數十萬人，阿育王親眼目睹了大規模的屠殺，以及血流成河的場面後深感悔悟，於是停止了殺戮。幡然悔悟的阿育王，開始信奉佛教，遵循《長阿含‧遊行經》。釋迦牟尼佛在入滅前對弟子說：「臨滅度時，遺法如是。各詣其處，遊行禮敬諸塔寺。」阿育王獲得此啟示，並決定在佛滅後的關鍵時刻，打開佛陀舍利子，將84000顆舍利分送到印度次大陸各個重要的佛教聖地，並建立起舍利寺塔供奉著。同時，他也派遣多位大德高僧將阿育王石柱送到世界各地，如中亞諸國，中國緬甸，埃及、希臘等地傳播弘揚佛法。

阿育王為發展佛教做出了名留青史的貢獻，其的戲劇性一生，正完美闡述了「放下屠刀立地成佛」成語的寫照。

桑奇佛塔對南亞的影響

根據錫蘭的《大史》（Mahavamsa）一書記載，桑吉佛塔不論以歷史或建築規模層面來看都是最悠遠的。早在阿育王任總督時，桑奇已是知名的佛教聖地。其登基為王後，更加積極在桑奇建立了頗具規模知名的大塔（Great Stupa）、2號和3號塔等，成為了奇特的佛教建築群景觀。

桑奇不但保存了佛陀舍利，另外佛陀10大弟子摩訶目犍連及舍利佛的佛塔也都在桑吉。

阿育王創立興建佛塔，而其后黛薇則是桑吉的佛塔忠誠的守護者。黛薇皇后捨棄了巴特那華麗的皇宮，終其一生安住於桑吉寺廟，鄰近佛塔處。黛薇皇后產出的2男1女中，大王子摩哂陀（Mahendra）只愛佛法，不愛江山，後來來到桑吉靜修，不久後前往錫蘭傳播佛法。摩哂陀成為今日斯里蘭卡的佛教傳播的第一人。

接著公主僧伽蜜多（梵文：Sangham-itra），也就是摩哂陀之妹，將佛陀在菩提迦耶成道處的菩提樹，移枝到斯里蘭卡，為斯里蘭卡種下佛緣。當時僧伽蜜多比丘尼，亦帶了11位比丘尼到斯里蘭卡，建立了比丘尼僧團。至於那株樹已有2000多年至今還活著，斯里蘭卡人民視之為國寶。

佛教從印度到錫蘭，再傳播到緬甸、蘇門答臘、泰國和其他亞洲的國家等地，至今方興未艾，然而發源地印度卻早已式微了。這後來的發展想必是阿育王始料未及。

有著阿育王終生的供獻，以及皇家的加持，另外也集結了富裕城市的商人或朝聖客的力量，供養桑吉佛塔，維護增建其塔廟，使其成為印度最知名的佛教中心。有趣的是中國最偉大的佛教行者，法顯及玄奘大師的足跡踏遍印度次大陸的佛教聖

地，卻在他們的著作中，唯獨不見桑吉佛塔，隻字未提。此現象也令數百多年來進行考察研究的英國及印度考古學家百思不解。

或許在古代資訊封閉，釋迦牟尼佛從未踏足到桑吉，因此未受到後來佛教行者的關切。例如，桑吉不似鹿野苑或菩提伽耶等地具有佛陀初轉法輪或悟道成佛處等聖地之盛名，而或像拘屍那羅為釋迦牟尼佛涅槃的聖地出名所致！桑吉可說成為法顯及玄奘大師的千古之憾！

驚鴻一瞥遊桑吉

桑吉園區的古蹟包括佛塔、寺廟寺院以及阿育王石柱等，建設的年代從西元前3世紀到西元12世紀間，是歷經千年的佛教遺產。

當遊客抵達桑吉小丘，通過草木扶疏的灌木花園後，便可直達宏偉的一號塔（Great Sanchi Stupa），這是桑吉保存最完好的古代佛塔，也是印度最古老的石頭建築之一。

牌坊 Tarana 匾額本生 夜叉 (Yakshas)

桑吉博物館

桑吉考古學之家

根據 ASI 的考古研究指出，一號塔巨大建築出自西元前 3 世紀的阿育王之手，並由其后黛薇監督完成。然而，卻在由提倡印度教的異伽王朝執政後，1 號塔便遭到破壞。

由於桑吉在地佛教徒眾多，集結力量大，異伽王朝二世為安撫民心便同意由地方集資重新修復這些珍貴的遺跡。從此不但恢復了 1 號塔原有的風貌，並且將其規模擴大了一倍。此外，亦在佛塔的圓丘（Anda）球體上以石砌覆蓋，且在半圓球體外沿，建了階梯和欄楯，供信眾方便行走朝聖膜拜。塔球體頂上另外還增建 1 方形平頭及 3 層傘蓋（Chattra），放置於最頂端。這 3 個傘蓋象徵了佛教三喻：佛、法、僧。

至於佛塔群美輪美奐的外塔門陀蘭那（Torana 高近 11 公尺）是在百乘王朝時追建而成的。其風格活潑生動是罕見的希臘式佛教建築藝術，由此可見，近鄰的印度 - 希臘王國（位於今阿富汗及巴基斯坦）在當時顯然已和佛教文化交流，對桑吉佛塔的佛教藝術造成影響。據說外塔門陀蘭那上的精美雕刻部份是來自伊朗中亞的象牙雕刻師父之手，每個牌坊分別有獅子、大象等各種充滿佛教象徵意涵的動植物紋樣雕刻。塔門的區額上刻有多層次繁複的佛本生故事及相關教化之寓言等雕塑或其他相關的生活故事等等，栩栩如生。其中在東門側的女藥叉，最受世人的讚嘆。原本有二個女藥叉，目前其中一個在 19 世紀時已由大英博物館收藏。

外塔門陀蘭那的框架結構是由一個個 4.6 公尺高的兩個直角立柱組成的，垂直延長並由 3 個單獨的門楣連接在上面，每個門楣之間是一排裝飾性區額（欄杆）。寬度最寬為 6 公尺寬、以螺旋狀的方式將門柱拱起。這些拱門由雕刻的立柱支撐，上有優雅的夜叉（Yakshas）石雕塑裝飾和撐托門框。

除了 1 號塔外，另有 3 號塔，總數量為 5 個門塔。桑吉門塔之所以獨特在於目前在印度眾多古蹟中難有任何建築風格可以超越它豐富的象徵意象和完美的工程技術。

其中最令人稱奇的工藝技術呈現於牌坊上整個厚度平均只有 2 英尺，沒有任何支柱或類似的支撐，但卻仍能精確不動樹立在 2000 年前的位置上，至今屹立不搖。

桑吉精美的雕刻塔門其精緻程度只有位於阿姆勞蒂（Amravati）的塔門能夠相提並論，而不同的是，阿姆勞蒂的塔門卻早已倒塌放在博物館了。

歷史變遷和轉折

從西元 2 世紀到西元 4 世紀時，桑吉曾在貴霜帝國統治後，隨後傳給了笈多王朝。笈多王朝也在此建造了一些寺廟，並添加了雕塑，展現了這個時代的古典優雅和簡約。此外，大佛塔 4 個入口華蓋上也

佛本生裝飾性匾額

增添了佛陀坐像。

即使在 7 至 12 世紀，桑吉受到伊斯蘭的攻擊而有所損壞，但繁盛的桑吉仍舊持續增加興建佛殿和寺院，之後更融入印度教的文化意象，體現出桑吉在佛教和印度教兩種宗教文化融合的見證。

桑吉的大佛塔，充分顯示出一種佛教特有的莊嚴宏偉景象，門口的精美雕刻詳細描繪了佛陀的本生（Jataka）故事情節和奇蹟故事。

儘管佛陀入涅槃前中的生命過程從造訪桑吉，與之沒有直接聯繫，然而當西元前 3 世紀中期，阿育王在此建立了佛塔後，桑吉便成了著名的佛教朝聖地。而後的統治者也陸續隨喜擴大了這個建築群。在後來佛教在印度衰落之後，西元 11 世紀左右這座建築群遭到穆斯林洗劫後，便一直被忽視而成了廢墟。直到 18 世紀時（1784-1876）一名英國軍官亨利泰勒，以西方歷史學家的身份記錄桑吉佛塔的存在，紀錄了桑吉當時被完全被遺棄的狀態。到了 1881 年，業餘考古學家和盜寶鼠輩陸續掠奪踐踏桑吉。

然而，雖經歷多重人禍災難，桑吉主要結構仍大致上保持完好。如今西方博物館只能找到少量的桑吉文物：例如，收藏於倫敦大英博物館女藥叉（Yashinis）雕像。

關於桑吉重要的考古紀錄主要來自有英國考古學家康寧漢爵士（Sir Alexander Cunningham, 1814-1893）的考察研究。康寧漢爵士與桑吉佛塔關係密切，至今山下仍可見康寧漢當初的房宿便可知一二。現今康寧漢爵士房舍已成了他的紀念館。

康寧漢於 1893 年過世後，桑吉未竟之業改由當時的印度考古調查局局長約翰·馬歇爾爵士接手。在其監督復興下，恢復了今日桑吉的現狀。1939 年時他亦出了 3 本有關桑吉的書紀錄了相關珍貴的考古文本及歷史風華。

今日，桑吉山上仍有大約 50 座紀念建物，其中包括 3 座主要的佛塔和幾座寺廟。自 1989 年以來，桑吉已被列入聯合國教科文組織世界遺產名錄古蹟之列。桑吉的浮雕，尤其是那些描繪古印度人生活影像，是非常有價值人間瑰寶。

桑吉佛塔的價值不僅在於擁有最完美保存完好的佛塔，亦吉是少數能讓遊客有機會在一處便看盡佛教藝術和其建築從起源到開花繁盛等 1500 年間的種種風華變遷。

桑吉佛塔可說涵蓋了整個印度佛教的歷史興衰，經歷佛教在印度漫長的發展及傳播，最終轉化為東南亞各國的佛教文化：如斯里蘭卡的寶塔（Dagoba）、西藏佛塔（Chorten）、東南亞寺院或寺廟（Wat）、中國、日本的寶塔等等，意義非凡。🔔

亞洲之光
菩提伽耶的摩訶菩提寺群

菩提伽耶摩訶菩提寺（Mahabodhi Temple Complex）位於比哈爾邦（Bihar）以南，距離印度東部的加耶（Gaya）地區約 16 公里處。面臨恒河支流尼連禪河，其地原爲古印度摩揭陀國伽耶城南方之聚落。

菩提伽耶的摩訶菩提寺群

Mahabodhi Temple Complex

比哈爾邦
座標 N24 41 43.008 E84 59 38.004
指定日期：2002 年
標準：(i)　(ii)　(iii)　(iv)　(vi)

菩提伽耶梵名 Buddha -gaya^ 亦稱摩訶菩提（梵 Maha^ -bodhi）、最早亦爲菩提道場（梵 Bodhi -man!d!a）。此地不但是佛陀生前生活緊密聯繫的 4 個聖地之一，更是佛陀正覺證悟的重要關鍵處。菩提迦耶摩訶菩提寺在印地語中亦是智慧之意，也是象徵迦耶的智慧之光。此寺源於如來釋迦牟尼於此一棵菩提樹下悟道成佛而得名；因此，菩提迦耶字面之義即爲「迦耶城的菩提樹」。

根據玄奘《大唐西域記》所述：「如來苦修六年沒有獲得正果，領悟到『弦太緊易斷裂，弦太鬆彈不出樂』，於是放棄絕食苦行，接受牧羊女的牛乳供養。他從東北方朝這座山走來看到此處環境良好，欲在此禪修得正覺。如來登上山頂，突然大地震動，山神及淨居天神在空中告訴他應當到西南方十四、五里外找一棵畢敳羅樹才是。（中略）果眞，如來前往西南邊見著一棵菩提樹，方圓五百多步，奇木名花異蔓蔭影相連。」此地即爲後世菩提伽耶的摩訶菩提寺群的福地。前往菩提樹金剛座，佛陀行至此地，亦面臨一波三折的魔考，種種惡神想盡種種辦法，試圖破壞

佛陀的成道因緣，如來決心是不可動搖並立下誓言：

『我坐此處，一切諸漏，若不除盡；若一切心，不得解脫我終不從此坐而起。』

如來最終證悟了十二因緣、四諦法等，而得正覺。之後如來再前往鹿野苑『初轉法輪』給予了首次法教教導後，再度回到菩提伽耶（Bodhgaya）」。因此可說菩提迦耶等於是佛教的誕生地，其重要性等同於猶太教、基督教及伊斯蘭教的耶路撒冷聖地。

菩提迦耶及菩提樹的生命史

菩提寺中的金剛座上的菩提樹在佛陀在世時就已經是人們崇拜的對象。在佛入大涅槃之時，金剛座的菩提樹樹葉頓時凋落如雨，之後又恢復如初。相傳每年的佛陀涅槃之日，菩提樹仍然如此循環，週而復始。阿育王繼位之初，尚未皈信佛法之前，受外道影響偏不信神，來到菩提迦耶時，頑固地命令士兵把菩提樹的根莖枝葉斬成小段後生火祭天。沒想到菩提樹在熊熊烈火中又奇蹟般地生出枝葉繁茂的新樹，阿育王見到這個奇蹟慚愧不已，於是以香乳灌溉，一夜之間，菩提樹神奇地恢復如初。阿育王最後皈依了三寶，除了羯陵伽之役時他親眼目睹了大規模的屠殺，以及血流成河的場面後深感悔悟的原因外，或許和菩提寺中菩提樹的感化有關吧。

阿育王於西元前 3 世紀建造寺廟及寺院，亦三不五時前來菩提寺參拜及在菩提樹下冥想打坐。某

菩提伽耶正門

天，信奉外道的王妃居然前來砍菩提樹，阿育王見到被毀的菩提樹簡直如喪考妣，當時痛不欲生的情境在桑吉佛塔還留下了一幅雕刻為見證。最後經阿育王至誠的搶救下，菩提樹才慢慢恢復，並建了高牆來保護菩提樹。到了 7 世紀，玄奘大師到此地時尚能見到殘垣。

斯里蘭卡菩提樹佛緣

根據錫蘭的《大史》（Mahavamsa）記載，居住在桑吉的阿育王皇后黛薇是虔誠的佛教徒，婚後生了 2 男 1 女。老大摩哂陀（Mahendra）只愛佛法，不愛江山，後來奉命前往錫蘭傳播佛法。而其女僧伽蜜多而後也成為一名比丘。之後，獅子國王妃阿菟羅夫人也向身為師父的摩哂陀請求出家，摩哂陀於是建議王族請比丘尼僧伽蜜多前來，並且迎請大菩提樹的分枝來獅子國種植供養。於是僧伽蜜多攜帶著珍貴的菩提樹枝乘船渡海來到獅子國，移枝到錫蘭。為此錫蘭天愛帝須王還親自步入海中，直至海水齊頸處，頂戴迎請菩提樹苗，其虔敬的場面尤為感人。

至今這株菩提樹樹已有 2000 多年至今還活著，今斯里蘭卡人民視之為國寶。由於禮敬佛法的因緣，菩提伽耶和錫蘭的菩提樹結下了千年之緣，從此在菩提伽耶的歷史上斯里蘭卡人不但不缺席，且多次扮演了關鍵重要的角色。後來到了西元 4 世紀，僧伽羅國（錫蘭）屍迷佉拔摩王當

政時，其族弟出家為僧，思慕佛陀勝跡，來到印度朝聖。不料這位來自錫蘭王族的比丘卻受到當地寺院的歧視排擠，甚至譏笑凌辱。他回國後向國王委屈地傾訴自己的遭遇，屍迷佉拔摩王遂獻重金於當時統領此地的印度國王三謨陀羅崛多，請求於菩提伽耶建僧伽羅寺以增進兩國關係，這便是著名的摩訶菩提僧伽藍的由來。玄奘法師《大唐西域記》之記載如下：「庭宇六院，觀閣三層，周堵垣牆高 3、4 丈，極工人之妙，窮丹青之飾。（中略）諸窣堵波高廣妙飾，中有如來舍利。」又求法高僧傳卷上：「此寺初基纔餘方堵，其後代國王苗裔相承，造製宏壯，則贍部洲中當今無以加也。」

約到了西元 6 世紀，設賞迦（Sasanka）四處銷毀佛教遺跡，對菩提伽耶也造成極大的破壞。當時菩提樹遭受連根拔起後被用火焚燒，將之斬草除根。而後摩揭陀國滿胄王以數千牛乳澆灌，菩提樹終恢復到丈高左右。為了保護菩提樹防止再次破壞，滿胄王又建造了 2 丈 4 尺高的石牆圍繞著樹。玄奘大師到此時，只能看到從石牆上伸出的菩提樹上部枝椏而看不到菩提樹的全貌了。

設賞迦王原本要毀滅菩提伽耶大精舍中的佛像，而後卻喪命並沒有得逞。玄奘大師和唐使王玄策於 7 世紀時先後到此時，由於戒日王等崇信三寶的國王們的努力，菩提伽耶附近的佛教遺跡得以恢復，

一時也可稱盛況空前。

據了解，中國的王玄策當時到摩訶菩提僧伽藍巡禮時，受到寺主戒龍的熱情接待。奉唐高宗之命在寺內樹了一塊碑，來表達對佛陀的崇敬。

8世紀時，崇信佛教波羅王族興起，尤其是波羅七代時期，更是對佛教做了空前絕後的供養，密乘的三大寺在波羅王朝時期都得到了王室的大力護持。作佛教的核心聖地，菩提迦耶自然也成為波羅王朝王族的重要供養地。他們熱心於修葺精舍，建造佛像，如今菩提迦耶留下來或出土的佛像絕大多數都來自這個時期。

受唐代玄奘、義淨等前輩大德精神的鼓舞，五代至宋中期到印度朝聖求法的中國僧侶人數有增無減，摩訶菩提寺中菩提樹下的金剛座無疑是朝聖的中心。近年來於菩提迦耶發掘了五方北宋前期的漢文碑刻，即是對這一段歷史的見證，彌為珍貴。

然而，西元11世紀時，印度北部受到伽色尼王朝和廓爾 (Ghurid) 等穆斯林王朝的入侵破壞，菩提迦耶亦受到了不小的損傷，此事件讓佛教在印度遭到了毀滅性的打擊。然而菩提迦耶對於斯里蘭卡和緬甸等佛教國家的佛教徒心中，仍然是永恆不朽的聖地。儘管這些佛教國家與菩提迦耶相隔甚遠，但是延續著菩提樹枝，處於南亞與東南亞的佛子們仍然主竭盡所能保護這象徵佛教命脈的菩提迦耶。

15世紀中期，孟加拉國和緬甸等國亦

佛足印

金援維護菩提迦耶；然而到了 16 世紀末，此佛教聖地已經完全被印度教的信徒所佔據了。當時印度等同完全驅逐佛教了，而佛教世界也確實遺忘了這個最神聖、等同佛教的耶路撒冷的信仰中心。18 世紀，蒙兀兒王朝正式將菩提迦耶冊封給了印度教徒，使菩提迦耶的摩訶菩提寺變成了印度教廟。

英國的殖民時代的轉折

1833 年緬甸大使在菩提迦耶發現了佛陀進食乳糜塔的緬文銘文。1874 年，緬甸國王派使者攜重金來到到菩提迦耶請求修復，結果資金被侵吞。直到 1875 年才准許由緬甸工人在菩提迦進行修復工作，但是由於沒有考古學專業，又被迫停工。英國考古學家漢密爾頓（Buchnan Hamilton）數度來到菩提迦耶，看到了昔日聖地慘不忍睹，因此開始大力敦促印度政府開展對菩提迦耶的考古發掘。

於 1877 年至 1880 年期間，英國考古專家康寧漢和米特拉親自來到此地開展系統性的考古工作。此舉使很多長埋地下破損的菩提迦耶古建築文物逐漸重見天日，歷史得以逐日還原。1892 年出版的《菩提樹下的偉大佛教寺廟》考古報告以及 2013 年印度出版社又延續其作出版了《最偉大的佛教廟宇：摩訶菩提寺》（Mahabodhi - The Great Buddhist Temple）一書都呈現出當年考古工作的重要成果，遺

憾的是，那棵烈火燒不壞、牛乳汁澆不爛的大菩提樹，居然在考古挖掘時又再度倒地了。康寧漢又從倒下的菩提樹上移了枝，一說斯里蘭卡的菩提樹也移植回來了，種在原地。今日在繞塔的人流中，仰望這棵樹歷經兩千多年的風雨飄瀟，更能体會佛陀曰：「世間沒有永恆不變的事物；一朵花，一片樹葉，世間萬物每天都在上演著無常。一切皆是緣起性空，因緣和合的假相，學佛修行就是爲了超越這些，趨向不生不滅的涅槃境界。」

佛教正名運動

1885 年，英國詩人阿諾德（Sir Edwin Lester Arnold1832- 1904）讚揚喬達摩佛陀「亞洲之光」的詩歌聞名於世。1891 年，他與來自斯里蘭卡的達摩波羅 (AnagarikaDharmapala) 和日本佛教徒 Kozen Gunaratna 來到菩提迦耶造訪已被印度教徒搞得一片狼藉的摩訶菩提寺。寺中精美的古像被抹上灰泥，拿去作爲院牆的建築材料，巧奪天工的磚雕被農民拿去當台階，阿育王石柱甚至成爲印度人廚房的一部分，其慘況令所見者感到無比痛心。爲了引起人們關注與決心來恢復佛教聖地，摩訶菩提協會 (Budh-Gaya Mahabodhi) 於同年 5 月 31 日成立。其任務包括了出版摩訶菩提雜誌、聯合其他國家的佛教力量，集資營救「亞洲之光」美譽的聖地。除了開始艱苦漫長的佛教聖地恢

復工作外，並爭取＜將菩提迦耶還給佛教徒＞的法律訴訟。雖然最後訴訟失敗了，但是卻贏得大文豪家泰戈爾的撰文表示支持。直到印度獨立後的 1949 年，佛教於菩提迦耶的活動才被合法化（注意並非是交還給佛教徒）。

現存遺跡介紹

（一）摩訶菩提寺

偉大的佛陀啟蒙處指的就是印度的摩訶菩提寺，其為佛教聖地中最殊勝聖之處，並經常有佛教和印度教信徒前來朝聖。摩訶菩提寺中央塔高 54 公尺，寺廟的地面是 45 平方公尺，以金字塔形狀向上延伸，以較小的方形平台結束。寺廟外面的磚牆描繪了佛陀當年修行傳法的場景。

寺廟內部則有一個巨大的佛陀坐像，右手持觸地印，此姿勢代表了佛陀已達到證悟的境界。原本雕像是黑色的石頭，現今已被金色覆蓋，且著裝著鮮豔的橙色袈裟。

寺廟中庭院裡佈滿了許多小佛塔和佛像，其中一些已有幾百年的歷史；圍繞該地區的部分欄杆則是仍倖存至今日的摩訶菩提寺最古老的元素之一。

緊挨著摩訶菩提寺的是菩提樹，它是當時佛陀開悟之樹的後代。菩提樹下的金剛座，則據說是佛陀達到證悟後啟蒙七天行走冥想之處。

（二）金剛座 Vajrasana

金剛座由阿育王建於西元前 3 世紀，

供品

由紅砂石製成，爲佛陀證悟成道時所坐之座，座落於伽耶城南之菩提樹下。以其座猶如金剛一般堅固不壞，故稱金剛座。

據《大唐西域記》卷八載：『菩提樹正中有金剛座，昔賢劫初成時，與大地俱起，據三千大千世界中，下極金輪，上侵地際，金剛所成，周百餘步，賢劫千佛坐之而入金剛定，故稱金剛座。』知名的馬鳴菩薩在他的佛所行讚說：『這是地球的肚臍。法恩法師提到所有過去的佛，都也在這裡獲得啓蒙，未來的佛，也會在這個地方得到啓示。』

（三）神聖的菩提樹

佛陀在獲得證悟後的第一周，便在這神聖的菩提樹下冥想中度過。如今仍舊保護著金剛座的菩提樹可能已是原始樹的第五棵繼承樹，祂的祖先早先被人爲的苦難和自然災害摧毀了幾次。

（四）石欄

圍繞於大塔的是 10 餘尺高之石欄，據傳最早爲阿育王所造，呈現環繞式的佈局。到了第 7 世紀初，摩揭陀國統治時，菩提樹又遭被破壞。爲防後人再度砍伐，於是再築 2 丈 4 尺之石垣加強保護。

結語

阿育王皇帝在西元前 260 年建造第一

座佛寺，而後他來摩訶菩提寺，這個佛教啓蒙的聖地參拜菩提樹。根據銘文考古歷史證據，現在的寺廟建築群的各個部分可以追溯到不同時期。西元 13 至 18 世紀間長期遺棄，所幸在西元 19 世紀左右被廣泛修復，且於西元 20 世紀下半葉持續進行更多復原工作。菩提伽耶的摩訶菩提寺至今仍被認爲是印度最古老的、保存最完好的印度磚建築的典範。

不論小乘或是大乘傳統的佛教文本，皆清楚地提到了佛陀在菩提伽耶成道的故事。菩提伽耶爲佛陀證悟之處已被證實，同時具有至高無上的價值如金剛座及摩訶菩提寺等等，已成爲世界佛教朝聖中最重要的聖地之一。

今天，來自世界各地的佛教徒紛紛造訪菩提伽耶，見到聖殿的建築基本上保持不變，遵循原始的形式還原，還有生生不息的菩提樹，通過眞實性的文物情境，讓來自世界各地的朝聖者，在此透過祈禱、冥想以及舉行宗教儀式等等，來與佛陀思想連結，是何等令人感動呀。

啓示錄

古老的神話預言中，當末劫 (kappa) 降臨世界時，「菩提曼達」（Bodhimanda）意爲「啓蒙之地」的菩提伽耶將是最後消失的地方；當世界再次出現時，此處也將是第一個出現的地方。▲

伊斯蘭教

Islam

重見天日的考古城市
占巴內 - 帕瓦加達

占巴內 - 帕瓦加達考古園區位於印度古吉拉特邦的潘奇馬哈斯（Panchmahal）平原，距離第三大城巴羅達（Vododara）東方約50公里、戈德拉鎮（Godhara）以南約68公里處，占地達1329公頃，享有世界遺產「考古園區」的美名。

賈馬 / 雅米清真寺：它融合印度教和穆斯林建築，其優雅內部被認為是印度西部最好的清真寺之一。

Champaner-Pavagadh

古吉拉特邦，Panchmahal 區
座標 N22 28 60 E73 31 60
指定日期：2004 年
標準：（iii）（iv）（v）（vi）

占巴內 - 帕瓦加達考古園區是內涵豐富的多元文化遺址，並非字面上所提僅有「考古」文化的呈現；也因此誤解使得此遺址鮮少被列入於旅遊景點中。此園區包括了曾由穆斯林佔領建立的「考古園區」、歷史古蹟清眞寺，另有其他數座耆那教廟和印度教的卡利女神（Kali）廟等。占巴內是位於平原裡的考古公園，帕瓦加達則是位於山頂上著名的朝聖聖地，兩處各自可滿足不同的遊客群體，是印度眾多世界遺產的品項中有趣且不容錯過的景點。

當訪客親自走訪此園區，將會發現處處充滿了耐人尋味、充滿故事性的遺跡以及文化色彩強烈的清眞寺。透過乘坐纜車或健行至山頂的朝聖區，映入眼簾的將會是一望無際、令人難以置信的景色以及充滿了傳奇趣事的寺廟群。沿路充滿了上山的朝聖客群，四處可見扶老攜幼的印度教徒，增添了旅行的氛圍，到此造訪肯定不會孤單。

人神共構的傳奇歷史

帕瓦加達處在海拔 800 公尺高的古老

火山錐上。五億年前的火山噴發，形成了半屏山，因此當地人稱此山為帕瓦加達意指「四分之一山」和凸山之意。帕瓦加達自古就流傳了許多生動的神話故事，使其成為印度靈氣十足的聖地。

相傳西元 140 年時，希臘地理學家托勒密曾經來訪問這由純白色的石頭製成、精心雕刻的耆那教廟，並稱讚描述此為「古老而神聖之處所」。至今山上還有蒂爾丹嘉拉（Tirthankara，渡津者）多間耆那教寺廟，香火頂盛。

帕瓦加達對印度教徒的吸引，莫過於建在置高點的卡利卡馬塔（Kalika Mata）卡利女神神廟。根據印度神話，濕婆的第一任配偶娑提是物質之主達克夏（Daksha Prajapati）的女兒，由於濕婆過於出世的態度，違逆了達克夏的權威，因此非常不受其喜愛。有一回達克夏將進行吠陀火馬祭祀大典（Yajna），他邀請了所有的眾神，

獨漏濕婆，來表明其對濕婆娶娑提的不滿態度。當娑提獨自到場參加火祭，受到了父親在眾神面前對其夫君的侮辱，使她憤而投入火壇自焚。

濕婆知曉後悲痛欲絕，拾著娑提的遺體在宇宙中跳起了毀滅之舞（Rudra Tandava）表達出強烈悲傷和憤怒。保護神毗濕奴神為了平息濕婆的悲憤，使出手上鋸齒狀法器「善見神輪」切碎娑提的屍體，使其身體碎塊分別散落在印度各地。帕瓦加達是其中最著名之處，因此成了向女神致敬的聖地。

卡利卡馬塔卡利女神廟的歷史可以追溯到 10 世紀更早。每天朝聖團川流不息，每年有成千上萬的奉獻者前來朝聖，主要是對娑提及濕婆的崇拜。當然附近方圓 1 公里內還有很多印度廟，而且大部分都是聯合國教科文組織世界的文化遺產，絕對值得一遊。旅客可走登山步道或搭乘纜車可輕鬆到達各寺廟景點。

正氣凜然的歷史

追溯「占巴內」一詞是來始於 8 世紀時，創始國王瓦拉大君（VanarajChavda），為紀念其將軍，便取將軍之名占巴拉吉來（Champaraj）命名，後來稱為占巴內。9 世紀左右，拉傑普特大公的主要定居點就在帕瓦加達附近的高原上。每一個定居點都有自給自足水系統，是一個獨特、智慧用水的城市。

清真寺入口

到了 15 世紀後期，拉傑普特族群（Khichi Chauhan Rajputs）在此鎮上方蓋了帕瓦加達堡壘。由於此地山丘的天然屏障的保護，曾讓拉傑普特族成功地擊敗來自鄰近艾哈邁達巴德的穆斯林統治者馬哈茂德・貝加達。

1483 年，馬哈茂德的愛將在戰役中戰死，他因而親征圍困了堡壘 1 年多，終於在 1484 年徹底擊敗了拉傑普特人，並且逮捕拉傑大公。

蘇丹貝加達軟硬兼施，表明只要大公歸順伊斯蘭教即可獲得大赦。硬頸的拉傑普大公仍浩然正氣抵死不從，最後被折磨了 6 個月才被賜死。然而，其兒還是歸順伊斯蘭教，改了穆斯林貴族名。

帕瓦加達堡壘被佔領後，馬哈茂德以他的名字重新命名為「馬哈茂德占巴內市（Muhmudabad Champaner）」。

青春頂盛的馬哈茂德 - 蘇丹王

充滿企圖心的穆斯林統治者馬哈茂德（Mahmud Begada, 1458-1511）大力擴充蘇丹國的邊界，征服了今日的孟買島嶼以及波斯人（Parsi）在古吉拉特邦的定居點。

古吉拉特邦的蘇丹國源自於 14 世紀時垮台的圖格拉克帝國。蘇丹王在西元 1391- 1583 年間統治了除了第一大城艾哈邁達巴德（Ahmedabad）外，占巴內市及該邦的大部分地區。

蘇丹從舊都艾哈邁達巴德遷徙到占巴內，並於此增建 2 個堡壘以及建設許多防禦工事、宮殿與 7 座清真寺等等。如此一棟棟精心製作的華麗建築，主要是為了抗旱、未雨綢繆穩定水資源所備。更有廣建人工湖泊、水庫、水井各種渠道等等令人驚嘆的收集雨水的水資源管理系統等。

為促進地方經濟及生態，蘇丹亦在各地種植芒果、石榴、無花果，葡萄、甘蔗、大蕉、橙子、菠蘿蜜和椰子等作物。另鼓勵亦種植玫瑰、菊花、茉莉等各種花草樹木，於城市中興建設有噴泉和瀑布的花園，美化環境。

考古園區共有 7 座清真寺，其中建於西元 1513 年的賈馬清真寺（Jama Mosque）是為其代表作。

多數的宮殿建築如今已成廢墟，但在殘垣斷壁中仍可看見當時建築的工程實力。

日落西山

馬哈茂德花了 23 年來建造古吉拉特首都，直到 1532 年被蒙兀兒皇帝胡馬雍佔領為止。胡馬雍大帝帶領 300 名軍隊前來帕瓦加達搶走大量的金銀珠寶和其他珍貴的戰利品，而此臣民幾乎逃之夭夭。馬哈茂德的接班人巴哈杜爾・沙（Qutb-ud-Din Bahadur Shah）成功逃脫抵達葡萄牙的飛地丟（Diu）。後來他將首都遷往艾哈邁達巴德市後便再也無返回占巴內了。

而後，物換星移，多年來占巴內 - 帕

清真寺融合了印度教的宗教內涵和工藝與穆斯林的精神。中央圓頂，兩個尖塔，高 30 公尺，
172 個柱子，七個米哈拉布和華麗的雕刻入口門，這蘇丹建築影響後世蒙兀兒建築。

清真寺正門

瓦加達考古園區在茂密的森林覆蓋下逐漸侵蝕，許多建物被掩埋在地底下繁榮不再。

蒙兀兒王朝也無暇經營整頓此區，日復一日，這座城市終於被廢棄了。

遺棄及考古

這座於 16 世紀時被蘇丹國遺棄的首都，歷經幾百年大自然無情的摧殘，終究被埋沒於茂密的森林間，成為被遺忘的城市。

所幸，其景觀以高原、丘陵和溪流水景為主的特色尤在。幾個世紀過了，山上的帕瓦加達考仍是來自印度各地的沙克蒂女神信仰者（Shakti Peeths）與印度教和耆那教徒心中重要的朝聖中心。如此一來，古代寺廟神話和傳說也因此世代傳承下來。山下埋藏的占巴內蘇丹國首都，其豐富的建築遺產是記載印度歷史的重要篇章；其擁有多種自然水生態，由建築、傳統知識體系和物質非物質遺產組成，實際上也是最寶貴的遺產。

世界遺產評估

300 年後，於西元 1879 年，英國殖民政府開始嘗試與地方及民間和國際力量來整合此區域，重新發現這中世紀風華的遺產。

然而，自然力量非常強大，野性森林反過來成功地控制了之後的土地開發，間接保護了這些珍貴的遺產的真實樣貌，避免人為破壞。然而，由於此區為朝聖中心，衍生了不少利益衝擊，加上攸關的森林保育的立場，使考古工作進行的非常困難。據紀錄顯示，發生在溝通往來上的精力和次數多到不可思議。

一直到了 1969-1975 年間的考古挖掘工作讓這些相關的珍寶遺跡如清真寺、皇居、住屋、街道和防禦牆等中世紀的建築得以重見天日。

2001 年，美國伊利諾伊大學與在地的「巴羅達」遺產信託基金會總體規劃且與 ASI 共同合作，分擔了占巴內 - 帕瓦加達考古公園的考察工作。當時已確定 114 個物件中，已有一半以上已復舊成功。

占巴內帕瓦加達考古公園於 2004 年，終於被聯合國教科文組織列為世界遺產，這是印度第一件被認可為遺址而不是城市或單組古蹟的例子。

這個遺產的獨特之處在於，在森林埋沒處亦能找到保存良好的真實證據來證實蒙兀兒蘇丹國種種事蹟。

內裝一角

結語

世界遺產占巴內－帕瓦加達考古公園是非常重要的知識資源，其歷史價值以及宗教和文化意義，因考古逐案確定。作為一個崇拜超過千年，豐富的神聖和歷史遺址，若能得到合適的保護，其將能夠成為指導其它未來的遺產發展之借鏡從中學習。

重要景點：考古園區
賈馬清真寺（Jama Mosque）

賈馬清真寺的歷史可以追溯到1513年，是蘇丹馬哈茂德貝加達所建造最著名的紀念碑之一，也是影湊蒙兀兒的建築之作。如同艾哈邁達巴德的階梯井（Adala-jVav），融入了印度教、耆那教等其他宗教多元文化的元素，與伊斯蘭建築精神混搭，呈現其兩層樓的結構及中央大圓頂等

清真寺

風格設計。

結構及裝飾藝術

清真寺內部的禮拜大廳共有 200 根支柱，在此神聖空間似乎可以同阿拉連結。千錘百鍊的工裝飾藝術是穆斯林及印度教藝術家們代代傳承的手藝。建物可見多元文化象徵，如：太陽圖案、鑽石、花盆、藤蔓以及早期印度寺廟中使用的蓮花圖案

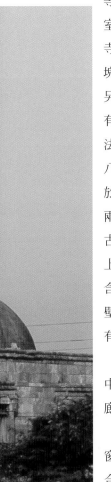

等等，此建築特色代表了皇室的開明。此外，這座清真寺還有 3 個長方形的壁畫斑塊，一個位於講壇的頂部，另外 2 個位於兩側，上面刻有古蘭經讚美詩的伊斯蘭書法。在講台上有 1 個大圓頂；八角形的尖塔高 30 公尺，位於非常精緻的主雕刻入口的兩側。凸起的窗戶是典型的古吉拉特建築風格，外表面上有獨特的雕刻。屋頂處包含幾個圓頂。寺內共有 7 個壁龕，入口大門雕刻，並配有精美的石座。

禮拜大廳有 11 個圓頂，中央圓頂，雙層結構，以拱廊形式建造在柱子上。

其中一個圓頂設有雙天窗，其獨特的建築結構與融合風格使得賈馬清真寺成為

考古園區內的重要指標。

（一）薩哈齊清真寺（Saharki Masjid）

薩哈齊清真寺是蘇丹的私人清真寺，其設計有 5 個米哈拉布（壁龕），1 個拱形門口和 2 個高塔，外觀精緻且複雜。

（二）凱瓦達清真寺（Kevda Masjid）

距離賈馬清真寺僅 1 公里處，是美麗幽靜的地方。

紀念碑景色簡直令人驚豔，特別是在日落或日出時是攝影最愛拍照的最佳景點。

（三）螺旋階梯井（Helical Stepwell）

是座建於 16 世紀、很樸實具功能性的階梯井，但不像女王井那樣以裝飾作用為主軸。

（四）城門（Shari Darwaja）

是 1 個有著數百年歷史的大門，也是占巴內的入口點。

（五）卡利神廟

山頂上的卡利神廟是必遊的重點，但人多常需排隊；另一座戴維女神廟（Vaishno Devi）也經常人潮眾多。其他在方圓幾里路的其他猴神廟（Hanuman Mandir）等等印度教廟群，附近亦有景觀優美的庫內夏瓦（Khuneshwar）瀑布。另外，4 座中最著名耆那教寺廟「蒂爾丹嘉拉廟」也在此區。要到達寺廟群，體力好可以步行約 5-6 公里或乘坐纜車比較輕鬆。▲

阿格拉紅堡

建於 16 世紀自阿富汗國王巴布爾（Babur 意爲獅子）於西元 1526 攻陷羅迪王朝（The Lodhi Dynasty, 1451-1526）的首都阿格拉的那刻起，蒙兀兒王朝（Mughal Empire）便開啓了在印度的百年基業。羅迪王朝是阿富汗人在印度德里一帶建立之穆斯林之稱德里蘇丹國。

紅堡正門四週有護城河

Agra Fort

北方邦阿格拉區
座標 N27 10 60 E78 1 60
指定日期：1983 年
標準：（iii）

伊斯蘭異教徒的外來政權強勢入侵，一直到蒙兀兒王朝第三世阿克巴大帝（Akaba Empire）施行了懷柔政策，才得以讓印度人得到喘息。除了懷柔的阿克巴大帝外，從德里蘇丹王朝（Sultanate, 1210–1526）到其他穆斯林統治者，無一不對印度教採取嚴厲甚至到迫害的種種措施。

從離間、強迫改信伊斯蘭教到抽人頭稅、摧毀印度廟改建成清真寺等等，其血腥殘暴手段令人髮指。

西元 16 世紀開啓了工業革命時代，海權因而崛起，歐洲人的視野早已放大在千里之外的東方。葡萄牙人先馳得點，在西元 1498 年 5 月 20 日抵達南印度的卡利克特（Calicut）首航印度。西元 1510 年時佔領了果亞（Goa）。接著，瑞典、丹麥、荷蘭、法國、英國爭相前進印度和亞洲爭食大餅。西元 1600 年，英國女皇伊麗莎白一世親自批歐洲第一張東印度公司執照，有計劃的推行英國的東進政策。其他各國也紛紛成立東印度公司，在亞洲掠奪分贓，販售鴉片，雙向謀利。

皇帝朝會之地方

賈汗吉宮

阿格拉城有 2500 年的歷史，1526 年蒙兀兒王朝第一代皇帝巴布爾大帝在此建都，推測此舉主要是防衛在瓜廖爾（在今天的中央邦）驍勇善戰的拉傑普特人，人民仍普遍為印度教徒，這也是被蒙兀兒打敗的羅迪王朝的首都。蒙兀兒人揮軍直入，在阿格拉建都，便於就近監控。

第三代皇帝阿克巴（Akabar）繼位後，在阿格拉擴建，當時的瓜廖爾的大公（Raja）還被嗶進貢了大量的金銀珠寶，做為建設城市經費。

阿格拉紅堡的繼承者，其中最著名的是阿克巴大帝。阿克巴大帝為統一印度，統整各處山頭林立的王國大君（Raja），締造穆斯林和印度貴族的和睦關係，實行取消印度教人頭稅等懷柔政策。阿克巴大帝也在西元 1562 年娶了拉傑普大公的女兒瑪麗亞姆·薩曼尼夫人（Begum Mari-am-uz-Zamani）為皇后，擁有「印度斯坦的皇太后」的美稱。此為伊斯蘭教與印度教聯姻的創舉，同時代表了於政治宗教文化上統整印度的里程碑。

電影《帝國玫瑰》（Jodhaa Akbar）裡的珠姐阿克巴皇后就是後世聞名的賈汗吉國王的母親（如今在紅堡仍保有皇后宮殿），這兩教聯姻令印度教徒深受感動，對族群融合，穩定政權起了正面的作用。

蒙兀兒帝國歷任皇帝皆醉心建築；不惜引進波斯、土耳其風格融合的穆斯林建築美學如圓頂、雙拱門、水流渠道、噴泉和波斯四分庭園等。由於蒙兀兒是外來政權，宮中穆斯林的統治者和印度教徒，彼此仍然充滿了敵意，也因此亟需建造堅固的城堡，防止衝突。堅固城城牆和護城河在當時的時空背景下有其必要性。

紅堡與歐洲中世紀概念的城堡或日本城堡都有異曲同工之妙，皆為防禦性功能考量為優先。至於之所以稱為紅堡，主要是這座城堡使用了當地最易取得之建材紅沙岩所產生的獨特色澤。紅色的沙岩質地特別利於雕刻，因此，印度有許多其他有名的建築也都使用此項材料。

蒙兀兒在印度次大陸，共擁有 3 個有名的城堡：德里的德里堡（Delhi Fort）、阿格拉紅堡（Agra Fort）和目前隸屬於巴基斯坦旁庶普的拉荷爾堡（最早 Lahore Fort 建於 11 世紀 Ghaznavid Empire 政權）。

從阿克巴大帝於 1565 年開始著手興建阿格拉堡，不斷地進行變更或擴建。阿克巴偏愛紅色的砂岩，因此阿格拉堡的整體外觀基本上屬於紅砂岩；後來賈汗吉（Jahangir）又擴建此堡，他不喜歡紅色，偏愛白。五世皇帝沙賈汗（Shah Jahan）稱帝後，也採用自己偏愛的白色大理石來擴建。由於諸位君王的個人喜愛不同，因而造就了偌大的阿格拉堡豐富多元的風貌，眼尖的遊客如仔細看，應很容易區分出不同材質和風格的建物。

蒙兀兒紅堡除了主要功能為駐軍外，

軟禁沙賈汗的茉莉宮

茉莉宮 Musamman Burj 八角形的塔樓，是軟禁沙賈汗的地方。

紅堡內部也設置了皇宮、皇居、清眞寺、圖書館、及人民裁判廳 (Diwan-e-Am)、接待廳 (Diwan-e-Khas)，皇室音樂宴會廳 (Sheesh Mahal)、外國使節團接見廳、行館、行政中心的統治大本營等。紅堡典雅建築庭園、彫刻工藝及冷卻系統，曾被當年造訪紅堡的詩人盛讚爲祕密花園 (An inner paradise)。

紅堡面臨亞穆納（Yamuna）河畔，設有一座巨大蓄水槽，當風從河岸吹進城堡，經過蓄水槽的水池冷卻後，在宮中流竄，在阿格拉酷熱之際成了最有效的冷氣系統。此外，將鮮花放進水池裡，不僅涼風徐徐，暑意全消，空氣中還散發了花香，讓宮廷的音樂舞蹈宴會更具浪漫撩人！此

獨特的四分花園和流水冷卻系統，在穆斯林的宮廷，從安達魯西亞到中亞及印度處處可見。

紅堡最吸引遊客的地方，當然是癡情皇帝第五世沙賈汗（Shah Jahan）被軟禁的地方：八角亭。因過度思念已逝的泰姬皇后，不問朝政，他的兒子個個想爭王位。其中奧朗則布（Aurangzeb）爲了篡奪王位，先下手爲強，弒殺兄長，並且將父親囚禁在堡中一間密閉的房裡，自立爲帝。

雖如此，奧朗則布這不孝子仍略有人性，仍然允許其姐賈汗娜娜入堡陪伴她鍾愛的父親。沙賈汗所囚之八角亭正對向愛妃的陵墓，良好的視野讓他可日夜遙望泰姬瑪哈陵。據說沙賈汗每天以淚洗面，流

茉莉宮可遠眺泰姬陵

太多淚導致雙眼幾近失明，最後只能透過鑲嵌在牆壁上鑽石的反射來窺看泰姬瑪哈陵。17 年後，沙賈汗終死在八角亭中。這位悲傷的老國王身亡後，終於如願與他的皇后合葬在泰姬瑪哈陵，從此比翼雙飛，不再分離。

軟禁沙賈汗國王的八角亭，類似今日小型的穆斯林禮拜堂，大理石上刻滿了可蘭經文，房間並不大，約 60 坪左右。如今八角亭已禁止入內參觀，牆壁上鑲嵌鑽石當然早已不翼而飛，只留下剝落的鑲槽，斯人已逝，令人感嘆！

從八角亭和外面的美麗大理石露台，遊客仍可看到壯觀的泰姬瑪哈陵，從晨霧茫茫的清晨，令人頭昏的午間艷陽，到迷人霞暮。沙賈汗對皇后無從割捨的思念，一如印度音樂，從晨曦到的午夜永無休止的輪迴哀傷。

城堡外圍，沿著奎師那和牧羊女幽會的亞木那（Yamuna）河，延綿 2.5 公里長之處的城牆有 2 個門——德里門和阿瑪新（Amar Singh）門。德里門內仍有駐軍，通過阿瑪新門，16 世紀蒙兀兒王朝的皇居仍可一探其究竟。

走進阿瑪新門，經過雄偉的中庭，左手邊是波斯風格立柱之「人民裁判廳」。

公眾接見廳 (Diwan-i-Am)

在 Diwan-i-Am 前面約翰羅素科爾文副州長墓，死於 1857 年印度起義事件。

當人民有爭議的事件而地方政府解決不下時，將於此廳由皇帝裁決，此類似今天的最高法院的終審廳。在西班牙安達魯西亞的格拉那達宮（Alhambra）也有相似的風格的人民接待廳，想必這是穆斯林統治者的傳統。

　　西元 1628 年，建造人民接待廳的同年，西班牙人也在淡水建造聖多明哥城-紅毛城；這個時間點正是襁褓中的沙賈汗王子滿週歲之際，因此上述建物可能是父王賈汗吉為慶祝其子沙賈汗的出生而造的。此時葡萄牙王菲利普三世授予憲章，成立了東印度公司，期望再創第二波的殖民利益。

　　由於印度幅員遼闊，從文治武功鼎盛且對西方使節以禮相待的阿克巴大帝到浪漫多情的沙賈汗，和奪權繼位的奧朗則布等君主，無一不想將印度變成伊斯蘭教王國，擴張其版圖。然而卻沒想到歷代雄偉功績只是曇花一現，奧朗則布竟成裂前蒙兀兒王朝的末代皇帝（後蒙兀兒王朝幾乎是苟延殘喘的傀儡皇帝），其因在於無人能洞燭先機以及，皇帝中不是一味的好大喜功過度的揮霍，或如阿朗哲普的搞意識形態才從富甲天下到急流湧退成為英國魁儡小國。

　　同一時間，歐洲出版的亞洲地圖洛陽紙貴，成為最最熱門的商品。從印度到亞洲地圖，其中包括有名的中國地圖「皇明一統方輿備覽」。奧朗則布死後蒙兀兒帝國陷入四分五裂狀態，情況一如清末民初的中國，被列強瓜分，予取予求，苟延殘喘，名存實亡。直到西元 1857 年，英國女皇將印度正式列入大英帝國版圖才強制結束亂局，歷史的事件是偶然還是必然，令人省思。

　　阿格拉堡之所以被指定為聯合國科文教組織 UNESCO 的世界遺產和泰姬瑪哈陵唇齒相依的故事。歷經嚴苛的天候考驗和經年戰亂和動盪的阿格拉城堡，即便今天建物中已空無一物，但其歷史和建築空間裡所呈現的事件，令人感慨萬千。▲

古德卜高塔 Qutb Minar 的紅砂岩宣禮塔，高 72.5 公尺。

阿拉的呼喚
古德卜明納高塔及其紀念建築

古德卜高塔 Qutb Minar 的紅砂岩塔，建於 13 世紀初，位於德里以南約 15 公里處，高 72.5 公尺，頂部直徑爲 2.75 公尺，底部爲 14.32 公尺，呈交替的角形和圓形的褶皺的宣禮塔，也是瞭望台。

Qutb Minar and its Monuments

新德里印度 Mehrauli
座標 28° 31'28 "N 77° 11'08" E
指定日期：1993 年
標準：（iv）

穆罕默德於 6 世紀創立伊斯教以來，經過數百年的經營與擴張，逐漸在中亞立足。11 世紀後，來自阿富汗的伽色尼和突厥帖木兒挾阿拉之名以聖戰爲名入侵印度，憑著金戈鐵馬所向披靡攻城掠地，帶給印度無止休的人禍災難，史稱德里蘇丹國時期。

德里蘇丹國 320 年間，經歷了 5 個王朝，32 個蘇丹，是印度的戰國時代。

奴隸出身的古德卜（Qutab-din Albak, 1150-1210），是德里馬穆魯克王朝的創始人，也是德里蘇丹國的第一個蘇丹王。穆罕默德·戈里（Muhammad Ghori）原本是古德卜派駐在印度的總督，沒想到母國淪亡，古德卜死後，他的兒子認爲鞭長莫及就將印度賣給了穆罕默德·戈里，戈里成爲奴隸王朝的印度國王。古德卜高塔便以第一個蘇丹王命名的。

古德卜高塔

古德卜爲了慶祝登基，在德里建築高塔，就是今天古德卜高塔（Qutb Minar）的前身。是第二個王朝的卡爾資國王，效法先人加高了古德卜高塔，同時拆卸 27 座印度廟來做爲建造清眞寺的建材，此舉讓印度教徒恨之入骨。

天怒人怨的國王最後慘遭毒死，爲了撫平傷痛，具有印度教貴族血統的費魯茲沙國王，修正過去的高壓政策採用懷柔手段，並將印度教的梵文經典譯爲波斯文。

古德卜高塔，是由紅砂岩所蓋成的，塔高 72.5 公尺，是全世界最高的磚造宣禮塔。19 世紀，遭逢地震造成塔身 4、5 層被折斷，後經英國人修復。塔內共有 379 階，塔上刻有「要讓眞主的影子普照世界」的銘文，在高塔的基座入口處刻有滿滿的可蘭經的浮雕書法，蒼勁有力，若能登上塔頂，可俯瞰德里全城。

宣禮塔基座伊斯蘭書法

被摧毀的古老耆那教寺廟殘柱

印度教的哀愁

這處由德里蘇丹國歷代增建的建築群最獨特的部分，是使用了一些當年拆除印度廟及耆那教廟的建材為主。唯一例外的是，當年伊斯蘭國王為安撫印度人，特別從他地移植了笈多王朝為祀奉毗濕奴的金翅鳥的熟鐵圓柱的婆羅米銘文，人們普遍認為，如果有人可以站立背對鐵柱並反手擁抱鐵柱，那麼他／她的願望就會得到滿足，但如今熟鐵圓柱已設立圍欄，無法再做這樣的許願式了。然而歷經千餘年的風吹雨打沒有鏽蝕，鐵柱依然聳立在園區中央，又有「德里手把」之稱，可見當時印度人的鑄鐵工藝的發達。

鑄鐵邊有遮蔽的 L 形的迴廊立柱，看起來像是耆那教的立柱遺骸所建造的。在園區各角落你很容易發現裝飾的印度神像

浮雕，有些早已固定在牆面了。

至於園區內出現一些印度神像的石材，肯定是當年拆除印度廟及耆那教廟的斷壁殘垣的物證。當年建造的工人絕大多數為印度教徒，更精確的說，這是印度廟的舊石材的重組，那種為他人驅使者為奴忍辱負重的心境可以想像而知。

如今你在園區內清真寺的圍牆上所看到的華麗氣派的伊斯蘭可蘭經書法浮雕內，隱隱約約似乎可見到融入伊斯蘭的建築中的印度圖騰。「外觀」做到符合統治者的要求，其「內在」仍屬印度宗教，恆久不變的信念使人動容。

重要建物

由 Aibak 委託，清真寺的建築工作始於 1193 年，並於 1197 年完工。這個宏偉的建築物，園區除了尖塔外有許多具有歷

被摧毀印度教寺廟神像

當年蘇丹王為安撫人心移入千餘年沒有生鏽之笈多王朝鐵柱

史意義並有相關的紀念建築物環繞著它，整個區域構成了古德卜建築群的一部分。

　　該建築群內的建築除了芨多鐵柱，包括了伊瑪目扎明墓、Iltutmish 墓和等。其中位於尖塔東北角的庫特布清眞寺（Quwwat-ul-Islam）是印度教和伊斯蘭藝術融合的獨特例子。清眞寺的名字字面意思是「伊斯蘭之力」。它也被稱爲庫特布清眞寺或者是德里大清眞寺，這是伊斯蘭入侵印度後在德里建造的第一座清眞寺，由奴隸或馬穆魯克王朝的創始人 Qutb-ud-din-Aibak 出資建造。

史密斯的愚蠢
Major Smith's Cupola

　　於 1803 年古德卜高塔受到地震損壞，建築師羅伯特·史密斯少校 1828 年被委任進行修繕工作，他用孟加拉風格的尖頂式樣取代了印度伊斯蘭教的圓屋頂，飽受非議，最終於 1848 年，哈丁勳爵將其取下，放置在 Qutub 綜合體的外部草坪上，至今仍然躺在那裡，就像一個已經脫落的假的皇冠的腦袋。從那時起它就被稱爲史密斯的愚蠢。

　　1993 年，古德卜高塔和其週邊的建築群列入世界遺產名錄。這個由早期伊斯蘭德里蘇丹國歷代王朝集體演繹出的藝術成就，是中世紀晚期印度伊斯蘭建築的典範，亦爲蒙兀兒建築奠下基礎。♠

史密斯的沖天爐（右）

印度主權的象徵
紅堡

紅堡也被稱爲拉爾奇拉，由蒙兀兒帝國時期皇帝沙賈汗起意建造。堡壘宮殿坐落於亞穆納河畔，由建築師 Ustad Ahmad Lahauri 烏斯塔德•艾哈邁德•拉合里設計。

舉行獨立紀念演講的地方。

Red Fort

德里老城區
座標：N28 39 20 E77 14 27
指定日期：2007 年
標準：（ii）（iii）（vi）

紅堡為一座完整的城中堡，這座紅砂岩白宮殿宏偉的堡壘費時 8 年 10 個月建造完成。在 1648 年到 1857 年間，紅堡是作為蒙兀兒皇帝國的軍事堡壘與皇宮居所。

當沙賈汗皇帝（Shah Jahan）面臨愛妻慕塔芝‧瑪哈在 1631 年驟然去逝的打擊，於 1632 他建了泰姬陵（1632-53），這舉世無匹的建築工程，尚未完工之餘，他毅然決然從阿格拉遷都到德里，建新都稱為沙賈汗堡，一方面離開傷心之地，另一方面則是受到來自於德里週邊的軍事壓力，沙賈汗決定在德里建立新首都，稱為沙賈汗納巴德（Shahjahanabad）城堡，做為沙賈汗皇帝行政及軍事運籌帷幄指揮中心。

處在失去愛妻的傷痛期，又要監控沙賈汗面臨阿格拉泰姬陵及德里沙賈汗堡 2 件世紀工程建築工事彷如蠟燭兩頭燒一般，卻也展現他身為帝王超乎一般常人的毅力。

紅堡的名字來自紅砂岩牆故稱紅堡，這是座堅不可摧的堡壘。建築的規劃以伊斯蘭基礎建築，圓頂與尖塔，高聳的拱門

與蜿蜒的迴廊且繪上大量重複的花鳥藤蔓圖形爲原型，每個館各自展示了蒙兀兒不同的建築特色，充分反映了中亞波斯、帖木兒和印度教傳統建築的融合。紅堡的創新規劃和建築風格被視爲是沙賈汗創造力的巔峰之作，於今日看位於新德里的舊德里城區的紅堡，仍然是印度近代最突出的建築之一。

私人接見廳 (Diwan-i-Khas)。它由白色大理石建成，鑲嵌著寶石。在 17 世紀曾放鑲嵌寶石的孔雀王座的大廳。拱門上有波斯詩人阿米爾‧庫斯羅的題詩：如果在地球上有天堂，就在這理。

兵敗如山倒的歷史

西元 17 世紀，信奉伊斯蘭基本教義派的蒙兀兒帝國皇帝奧朗則布 （Aurang-zeb）駕崩後，整個印度次大陸風起雲湧。當時唯一可以同東印度公司抗衡的馬拉塔族乘勢興起，擴展爲一個龐大的帝國，從1775 年 -1805 年間，同英國東印度公司打了三次戰爭，這幾次的戰爭都免不了波及到奄奄一息的蒙兀兒帝國。烽火連天的南亞次大陸印度的近鄰如伊朗、阿富汗……更是乘機到紅堡中乘火打劫，使得國力越來越弱的王朝毫無招架的能力，紅堡內的蒙兀兒皇帝只好向馬拉塔帝國求助。這不

到 100 年的時間裡紅堡被掠奪的文物罄竹難書，到了 18 世紀紅堡已然成爲一座虛有其表的皇城。

紅堡浩劫

期間 1739 年波斯皇帝納迪爾‧沙阿（Nadir Shah）帶兵長驅直入紅堡並帶走許多貴重物品，包括著名的蒙兀兒王朝孔雀王座、波斯及蒙兀兒的珍貴細密畫。

而 1760 年馬拉塔帝國爲了軍隊兵糧居然拆了紅堡私人接見廳（Diwan-i-Khas）的銀色天花板。到 1805 年馬拉塔帝國輸給了英國，蒙兀兒帝國頓失靠山。從此紅堡宛如清朝末年的紫禁城，一個個的小皇帝成了英國東印度公司操控的兒皇帝。

1857 年，曇花一現的反英起義事件，前後不到兩年就被英國鎮壓平息了，紅堡的兒皇帝 Bahadur Shah II 被英國被流放到緬甸仰光，而他的後代竟全部失蹤，有傳說是被英國人殺了。

虛弱的蒙兀兒帝國終究走到了盡頭。英國女王收回東印度公司管理權，將印度由「英屬印度」（British Raj），由 1876 年開始正式名稱更名爲印度帝國（Indian Empire），1877 年維多利亞女王正式加冕爲印度女皇。

英國全面接管印度接管紅堡後，英國人大剌剌的走進紅堡，將 Bahadur Shah 的王冠包括許多無價的珍寶財產，如光之山（Koh-i-Noor）鑽石和沙賈汗的葡萄酒杯等珍寶全都被送往英國政府。

紅堡被英國徹頭徹尾的掠奪一空，17 世紀沙賈汗意氣風發打造的紅堡，落到如此悽愴下場，如沙賈汗地下有知必能聽到他的嘆息聲！

獨立後，印度派軍隊駐守紅堡的主要部分，然後將其交給 ASI 進行修復，紅堡在百年間歷經英國人炮火的摧殘破壞的非常嚴重，在申請世界遺產的過程中，經歷漫長的修復之路，幾經波折終於在 2007 才通過爲世界遺產。

紅堡的佈局

紅堡佔地 254.67 英畝。封閉堡壘的防禦牆在 2.41 公里處測量。這些牆的高度不同，因爲它們位於河邊 18 公尺處，而不是城市一側 33 公尺高的牆。這座城堡位於中世紀城市沙賈汗堡東北角的一條寬闊的乾枯護城河上方。

英軍倉庫

（一）Mumtaz Mahal 位於堡壘的女性宮殿（Zenana），Mumtaz Mahal 是堡壘內的 6 個宮殿之一。所有這些宮殿都建在河沿岸，並由天堂之泉相互連接。Mumtaz Mahal 採用白色大理石建造，飾有花卉裝飾。在英國統治期間，它被用作監獄營地。今天，紅堡考古博物館已經建在這座令人印象深刻的建築內。

（二）Khas Mahal - Khas Mahal 被用作皇帝的私人宮殿。宮殿分爲三個部分，即告訴珠室，客廳和睡房。宮殿裝飾著白色大理石和花卉裝飾，天花板鍍金。Khas Mahal 與 Muthamman Burj 有關，這是一座塔，皇帝在這裡的日常生活起居，或者是由這座塔向外向人民揮手致意。

（三）Rang Mahal - Rang Mahal，字面意思是「彩色宮殿」，這裡居住著皇后和嬪妃們。顧名思義，這座宮殿看起來色彩繽紛，有著鮮豔的色調的宮牆和炫耀的裝飾。在這座宮殿的庭園中央設有一座

公眾接見廳 (Diwan-i-Am)，皇帝在此接見人民，傾聽人民聲音的地方。

「天堂之泉」的噴泉，在夏日，泉水則被引流到宮殿地下室用來降溫以求清涼。

（四）Hira Mahal 由 Bahadur Shah II 於 1842 年建造，Hira Mahal 可能是蒙兀兒皇帝在入侵英國之前建造的最後建築之一。它只是一個展示廳，但有一個與之相關的有趣傳說。據說，沙賈汗在這個地方隱藏了一顆鑽石，意為他的第一任妻子。據說這顆尚未發現的鑽石比著名的光之山 Kohinoor 更珍貴。

（五）Moti Masjid - Moti Masjid，字面意思是「珍珠清真寺」，由奧朗則布皇帝所建造，原是提供其個人使用。但有趣的是，清真寺也被 Zenana 的居民使用。Moti 清真寺採用白色大理石建造，有 3 個圓頂和 3 個拱門。

（六）土耳其浴室 - 土耳其浴室基本上是 1 座安置皇帝使用的浴池的建築物。在東部公寓，站在更衣室。在西部的公寓裡，熱水常常流過水龍頭。據說，加香玫瑰水用於沐浴。Hammam 的內飾採用花卉圖案和白色大理石裝飾。

建築風格

紅堡由傳奇建築師 Ustad Ahmad La-hauri 建造，據信他建造了世界著名的泰姬陵。堡壘被認為是一個創造性的建築，是蒙兀兒王朝創造力的頂峰。

紅堡以創新園林設計和建築風格，強烈影響了拉賈斯坦邦、德里及阿格拉和更遠地區的後期建築和花園。即使獨立後的時代，這種建築風格持續激發產生了許多的建築和花園建設。雖然堡壘內部分建築物已成斷壁殘垣，但紅堡裡面仍然有許多建歷史建築物，值得細細品味及再三憑弔。

結語

在 1947 年 8 月 14 日的凌晨，就在德里阿格拉的廣場上，在零時零分，當時的印度尼赫魯總理在紅堡開口講的一句名言：「印度與神有約！當全世界在睡覺時印度醒過來了！印度共和國成立了！」接著由印度嗩吶大師吹奏慶典樂音。當時數億的印度人佇立在在收音機前洗耳恭聽來自紅堡的現場實況報導，人人熱淚盈眶，令世人動容。

半世紀過去了，每年，印度總理在每個獨立日都會舉起印度國旗，印度各地更是旗海飄揚，紀念這一刻。多年來紅堡是一個重要的旅遊景點，雖然部分建築物狀況不佳，但大部份建築物仍處於良好狀態。

在紅堡內設置了 3 個博物館，即書畫博物館，戰爭紀念博物館和考古博物館。

在今天印度的 500 盧比紙幣中，紅堡出現在紙幣的背面，這意味著紅堡的重要性是無庸置疑的。 ♠

泰姬陵

永恆的淚珠
泰姬瑪哈陵

蒙兀兒帝國的第五代皇帝沙賈汗，於 1628 年到 1658 年統治印度次大陸。「沙賈汗」在波斯語中原意為「世界的統治者」。在他的治理下，蒙兀兒帝國屬行中央集權、擴編軍隊，平定了各公國的叛亂，使其處於權力和財富的巔峰。

TajMahal

北方邦阿格拉區
座標：N27 10 27.012 E78 2 31.992
指定日期：1983 年
標準：（i）

沙賈汗特別鍾愛他的妻子慕塔芝·瑪哈（MumtazMahal）王后。不論登基前後，兩人形影不離；即使前線戎馬征戰仍共赴戰場，夫妻恩愛鶼鰈情深由此可見一斑！

然而，慕塔芝卻在 1631 年征戰途中分娩第 14 個孩子時不幸難產而亡。貴為君王的沙賈汗無力阻止愛妻生命的隕落。傳說中皇帝痛不欲生，頭髮一夜翻白。他承諾為她建造天上、人間最美麗的陵墓。因此成就了泰姬瑪哈陵，這座象徵沙賈汗國王畢生激情和財富的美麗紀念物。

建築及庭園

據說，為了實行泰姬瑪哈陵營建計劃，除了帝國人才外，沙賈汗還延攬了來自中亞、伊朗、土耳其以及伊拉克等地大量人力及工匠：包括了泥匠、石雕、鑲嵌師、雕刻家、畫家、書法家、穹頂建造者和其他工人約莫 2 萬多名，全數納入建築團隊。藉此開啟了在阿格拉的亞穆納河畔鬱鬱蔥蔥的花園，佔地近 17 公頃的泰姬陵的興建大計。從 1632 年動工至 1648 年，歷經 17 年，終於完成了這雄偉浩瀚、震懾人心，猶如史詩般的曠世巨作。

泰姬陵的設計師創造出無與倫比的建築藝術形式和對稱感，並將伊斯蘭經典阿拉的聖訓、恩典注入了整座建築，包含大門、牆壁和花園的複合體，共 42 英畝的建築物中；這使得泰姬陵呈現出一種的打造超越宗教嚮往的完美空間營造永無止盡的吸引力。此外，透過融合中亞、印度教、伊斯蘭教、波斯和歐洲等地之許多建築傳統文化特色，泰姬碼哈陵因此具備了足以

與全世界交流的普世價值之吸引力。

　　庭園主要特徵是波斯建築工法，延著中心軸線之雙邊對稱嚴謹的結構工法，使用的建築材料是鑲嵌紅砂岩和大理石的石灰砂漿，利於珍貴半寶石的鑲嵌。潔淨的白色大理石利用於拱形和圓頂造型，是泰姬陵標誌印記。還有其他美麗的細部材料，如來自中國的水晶、西藏的綠松石、斯里蘭卡和阿拉伯半島的藍寶石等，總共有 28 種寶石鑲嵌在白色大理石中攀爬的藤蔓花卉與的阿拉伯書法的描繪中。無論是建築主體大門蒼勁有力之豪邁的古蘭經

泰姬陵參拜泰姬

書法，或慕塔芝・瑪哈和沙賈汗的大理石衣冠塚棺槨，無處不見精緻巧妙的珠寶鑲嵌，細膩地打造出泰姬陵既淒美又莊嚴的奢華空間。

泰姬陵迷人之處，不僅在於其建築本體的精雕細琢，她的前庭與花園更是巧奪天工。位於進門前，長約 300 公尺的「四分花園」中，樹木、花壇、噴泉和水渠等方面達到了波斯花園要求完美的「四分花園」（波斯花園的設計基於直角和幾何比例，通常分為四個部分，稱為 Chahar Bagh）比例不但豐富了泰姬陵的深度和

伊斯蘭書法

遊人

遠景，若是比美今日伊朗現存的世界遺產中9大波斯庭園等更是有過而無不及。庭園讓泰姬陵融入於自然，體現了伊斯蘭教可蘭經裡所提及之伊甸園境界中「天堂樂園」的夢幻氛圍。據說美國白宮前噴水池的靈感也是來自泰姬陵波斯庭園呢。

泰姬陵令人百看不厭、引人探索。潔白色大理石隨著日夜陰晴、日出日落天候的改變，折射出細緻的色調變化，與外在的情緒相匹配變得更加迷人。不論於任何時間造訪泰姬陵，她總是豐富多變地呈現出黎明的玫瑰色光芒或神奇的月亮光芒。在不同條件下徘徊凝視著泰姬陵令人留連忘返、詩興大發。

泰姬陵的工程結構主要由四座伊斯蘭風格的「宣禮塔」構成。為了保護主體的建築場，每一個設計都輕微地向外傾斜。其主體基座結構工程所運用的力學、防震地質及土地物理設計的建築科技等成就，仍然令近代建築學家嘆為觀止。

普世價值

沙賈汗為自己所愛的妻子打造的永恆紀念建築，不僅彰顯個人對帝國富裕的卓越藝術品味，幾何對稱，羅馬式放置承戴結構，流水冷卻通風系統皆是科建築學成就的證明。至今，泰姬陵被世人公認為最具創造性、最完美無瑕的建築之一。泰

泰姬陵格窗

泰姬陵寄鞋處

泰姬陵

姬陵可說是洋溢激情與天才傑作，也是蒙兀兒時代最具指標誌性的建築典範。目前泰姬陵被列爲世界聯合國世界遺產之一（World Heritage），也是世界 7 大建築奇蹟！。

度教徒垂涎，企圖在建物本身的蛛絲馬跡中，找出泰姬陵與印度教相關連的證據。爲了這個文化碰撞的插曲，雙方還曾對簿公堂，企圖爭奪管理權，這件事最後無疾而終。

爭議

泰姬陵如此迷人醉心，莫怪乎，幾百年間來自世界各地的騷人墨客群，對她的美讚譽有加。這樣的騷動還引發了歐洲人的酸言酸語奚落：泰姬陵能成爲登峰造極之作，這其中若沒有歐洲人的參與貢獻是不可能完成的。

由於每年有數百萬人次訪問泰姬陵，帶來世人的注目與讚嘆，這也引起部份印

破壞及維護

英國殖民政府時代，牆面鑲嵌的寶石已被挖空殆盡。外牆的基座大理石也被切割盜售，並曾在泰姬陵平台舉辦宴會。所幸被當時的柯松總督（Curzon, 1899-1905年）停止了對泰姬陵的破壞，並開始對泰姬陵進行全面性的維修保養工作，其建築物的原始風貌才得以保存至今。由於歷年的污染，1996 年 12 月印度最高法院裁定

被英人挖空之牆

禁止在泰姬陵附近的農業及工業使用煤或焦炭等等會使空氣污濁不堪的汙染源；所有的車輛，必需停在外圍由馬車或電車接駁或步行入園。在泰姬陵 350 年週年慶那年，印度政府首次進行泰姬大規模的清洗，方得以煥然一新的風貌重現大眾面前。

永恆的淚珠

完建了白色泰姬陵，沙賈汗也曾計劃為自己打造一座黑色的陵墓與其呼應。無奈原本對他不滿的兒子奧朗則部（Aurangzeb）殺死了欽定的接班人達拉舒科（DaraShikoh），並將這位老君王軟禁於距泰姬陵 2 公里外的紅堡八角樓中。長達

泰姬陵清真寺

8 年的時間，沙賈汗日夜在八角樓上眺望泰姬陵，他日夜遙望泰姬陵，這無論是種安慰還是折磨在此度過了他餘生，最終沙賈汗還是如願以償的葬在他妻子的身旁。泰姬陵美麗的愛情故事令世人不勝唏噓。

蒙兀兒的詩人曾經如此讚美著泰姬陵的女主人：「慕塔芝‧瑪哈的美麗連月亮都相形失色。」印度詩人泰戈爾詠嘆泰姬陵：「以她『寂寞的美麗形式』俘獲了時間、征服了死亡，是一滴永恆的淚珠。」

建築的歷史若非人為的破壞，通常比人的歷史長久。沙賈汗留下人類無法複製的創世建築，以及隱身在泰姬陵背後的美麗浪漫故事。如此具備物質與非物質特質的世界遺產，註定名留青史。●

入口

坎坷的皇帝
德里胡馬勇陵園

巴布爾於 1526 年，建立了蒙兀兒王朝，爲兒子取名胡馬勇（Humayun），是爲「幸運」之意，卻在 23 歲那年因病垂危，疼愛他的巴布爾祈求眞主阿拉以自己的生命換取兒子的健康，不久後胡馬雍果眞康復，然而巴布爾卻從此一病不起。他一生戎馬倥傯，在位 4 年就逝世了。胡馬勇旋即匆匆登上了王位。

胡馬勇陵園

Humayun

新德里

座標 N28 35 35.988 E77 15 2.016

指定日期：1993 年 / 修改 2016 年

標準：（ii）（iv）

胡馬勇是一介文質彬彬君子，對於爭權奪勢的王權他並不是很適應。相形之下他對天文學反而更感興趣；夜觀星象，吟詩作對，很是愜意。胡馬勇登基後，衝突頻傳，在位才 10 年，於 1538 年就被前朝大臣謝爾沙瑞（SherShāhSūrī）篡位奪權。

流亡波斯

當時和他的妻子、大臣、隨從等 40 多人一起流亡到波斯。取得波斯薩法維（Safavid dynasty）國王 Shah Tahmasp 政治庇護，住在大不里士皇宮。

當時受到薩法威國王以高規格的接待，還多次為他舉辦狩獵和宴席。至今伊朗首都德黑蘭的 40 柱宮殿的大廳上，還有一幅當時國王款待胡馬勇的國宴大掛圖。畫中熱鬧的歌舞表演及微醉的陪宴朝廷官員及貴族共享樂。今人欣賞這幅畫時，仍然可以體會到當時國王的盛情隆意。據歷史記載，胡馬勇原本是遜尼派的伊斯蘭教徒，在國王感化下轉為什葉派，

胡馬勇陵的主殿及花園

咸信與薩法維國王的恩威並施有很大的關係。

在胡馬勇停留波斯 16 年期間，正是薩法維（Saffarids）國王執政的繁榮期，這十多年間胡馬勇親眼看到大興土木的富麗堂皇宮殿及清眞寺，無論在建築、工藝及繪畫上處處傳遞文化美學氣息，讓胡馬勇印象深刻。後來印度蒙兀兒的叛軍謝爾沙瑞（1532-1545）過世後由其虛弱的兒子接替，胡馬勇決定班師回朝。薩法維國王不但派兵支援胡馬勇中興蒙兀兒，並且還安排波斯 2 位傑出畫家及美食名廚隨行到印度。這波斯畫家後來成爲蒙兀兒細密畫的鼻祖，波斯大廚也影響印度菜的烹飪手藝至今。

胡馬勇離開波斯之際，薩法維國王提供大量經濟援助並邀波斯貴族隨行，更派遣大量騎兵護駕及協助未來重建胡馬勇的帝國。在波斯騎兵的協助下一路打回德里，胡馬勇雖然光復了他的首都，及獲得他原來統治的部分蒙兀兒版圖，但他卻無緣享受。在他返回德里後的不到 6 個月裡，嗜書如命的他，走在圖書館的露台樓梯不愼在光滑的大理石上滑倒，不久不治死亡，得年 49 歲。

胡馬勇陵寢

胡馬勇過世後，由當時只有 13 歲的皇子阿克巴（Akbar）繼位，幼王由顧命大臣及母后聽政輔佐。胡馬勇陵園建於

1568 至 1571 年之間；由於當時蒙兀兒還只有鬆散版圖不是完整的帝國，它並沒有立即建造。他的兒子阿克巴必須專注於軍事擴張，這可能是延誤建造的原因之一。

胡馬勇陵園據說是胡馬勇的妻子哈吉碧甘（Haji Begum）主導了建築設計，阿克巴一生都很尊敬他的母親。據說，阿克巴出征時他的母親是德里總督。她也可能讓阿克巴的有很大的壓力。他從今烏茲別克的布哈拉聘請了建築師，這是帖木兒的故鄉地，帖木兒算是蒙兀兒王朝創始人。

這些建築師是父子相承的團隊，他們接受過景觀建築和建築方面的培訓。當然，巨大的陵園需要很長時間才能建造。在當時印度次大陸當時是獨一無二的。因此，建設時間比原計劃延遲多年。

胡馬勇陵園是一個非常龐大的建築群，佔地 27.04 公頃。它建在一個巨大的花園裡。位置來歷更是不同凡響。它建於史詩摩訶婆羅多潘達瓦王國的皇城名爲 Indraprastha 的地方。所以它有一個古老的印度含義。它也建在非常靠近波斯聖人（NizamuddinAuliya）神殿的地方。使蒙兀兒在印度建立合法性及權威。

胡馬勇陵墓坐北朝南，呈長方形，紅砂石城垣周長約 2000 公尺。園內舉目可見如茵的芳草，高大的棕櫚樹，四處奔馳如飛的小松鼠，噴泉水花四濺，整個陵園佈局井然有序。

入口處的大門是八角形樓閣，表層

主殿門口

德里蘇丹蘇非聖人紀念建築

胡馬勇陵園一隅

是以紅砂石和大理石摻和碾碎後，鑲嵌成絢麗的圖案。走過長方形波斯風四分庭園（Char Bagh）的水池後，就是占地 40 平方公尺的主建築，建物高約 24 公尺，聳立在 47 公尺平方的壯觀石台上。

波斯庭園，從古老波斯帝國到伊斯蘭時代都是象徵爲天堂的隱喻，也是伊斯蘭教徒對於天堂的嚮往。因此，流動的水是 4 分庭園的基本造景，陵園中更有完備的地下赤土水管道、渡槽、噴泉，都是讓花園完善的一些元素。

主建築共有 4 座大門，伊斯蘭拱形門楣，線條簡約上下兩層樓一排排的小拱門，錯落有致。正中間是大理石堆砌的傳統伊斯蘭圓頂，頂上豎立著小尖塔，在夕陽照射下閃耀著金黃光芒。建物表面素雅的幾何圖案，充分體現胡馬勇皇帝儉樸與

門飾

低調的特質。

胡馬勇陵園是第一座蒙兀兒的經典建築。它融合了波斯，印度教與伊斯蘭教建築特色，成爲蒙兀兒建築的典範，它具有革新的工藝、創新的設計佈局，是影響泰姬瑪哈陵最重要的關鍵。◗

被拋棄的皇城
法第普西克里城建築群

阿克巴大帝是蒙兀兒王朝第三代皇帝，他天資聰穎，智勇雙全。他集政治家、神學士、藝術家、發明家、建築家、更是馴獸師於一身，一生充滿了傳奇。蒙兀兒王朝拓展版圖，達百萬平方公里。他將王朝轉形成名符其實的帝國。在印度人心目中有如阿育王、西方人的亞歷山大大帝。

Daulat khana 包括露天音樂廳之複合體的皇家建築

Fatehpur Sikri Group

北方邦阿格拉區
座標：N27 5 39.984 E77 39 51.012
指定日期：1986 年
標準：(ii)(iii)(iv)

爲了要兼併崇尚武學的拉傑普大公國，獨排眾議和印度教公主珠妲聯姻，同意公主無需改信仰，並尊拜印度神；兩教聯姻，成爲印度歷史發展中的美談。

他目不識丁，卻能主導編纂史籍，將印度古典史詩譯成波斯文，在宮庭內供養了幾百名畫家，每天以「畫」寫歷史，將波斯細密畫融入了印度美學，到了他的兒子賈漢吉時期更是蒙兀兒細密畫輝煌時代。阿克巴大帝登基掌權後，立刻取消印度教人頭稅，內閣的 12 位財政大臣中，有 8 位印度教徒，他的寬容政策，深受人民愛戴。

遺憾的是得天下，卻無子祠。後來經蘇菲長老指示，遷都於阿格拉北方 40 公里錫克里村（Sikri），必將得子。於是阿克巴利用山脊上的開放空間來建立新都，說也奇妙在 1569 年新都動工後一連得 3 子。

根據 ASI 在西元 1999-2000 年考古時，在錫克里村發掘豐富的耆那教雕像及古文物，鑑定是超過千年前失落的文化和宗教聚會場所，果眞如是福地。錫克里村

深受阿克巴的喜愛，附近又有一座大湖，足以供應皇家、軍人部隊以及居民……等民生需要的供水。在 Hiran Minar 花園的八角亭，做爲皇帝放鬆和書寫的場所。

新都始建於 1571 年，順理成章，將這新都正名爲法第普西克里（Fatehpur Sikri）。至於在旁邊增建的勝利宮（Buland Darwaza）是紀念他於 1601 年一場成功的古吉拉特戰役，凱旋歸來的城門及清眞寺。阿克巴還爲感念聖人謝赫就在勝利之城修建了 1 座大院以茲紀念。

融會貫通各種東方元素

據當代歷史學家介紹，阿克巴對法第普西克里新都的建設非常感興趣，因爲它對印度建築風格有很大的影響。

阿克巴在設計新都時就企圖彰顯祖先帖木兒著名的波斯宮廷的輝煌時代的榮耀風采，阿克巴依附波斯建築的基礎上發展出法第普西克里的建築風格。至於裝飾藝術靈感則是受到印度本土的啓發。

新都鄰近地區有豐富的砂岩。因此，幾乎所有新都建築材料都是使用紅色砂岩製成。一處處的亭台以幾何形狀羅列於建築群中，這靈感像是來自阿拉伯和中亞的

Diwan-I-Khas（私人接見廳）內部《Din-E-Illahi》，有神聖的信仰的石柱。

風格，更可能是蒙古包帳篷的構思。整體而言，新都的建築反映了阿巴克在建築上的天分，他獨特的風格中，整體相信是融會貫通各種東方元素建築影響的結晶。

阿克巴大帝世界的教皇之夢

阿巴克大帝崇尚蘇菲自由思想，對各宗教採寬容政策，平等對待各教，在新都勝利城中有清眞寺、印度廟，佛教建築，甚至邀請果亞的基督教神父到宮中，請益

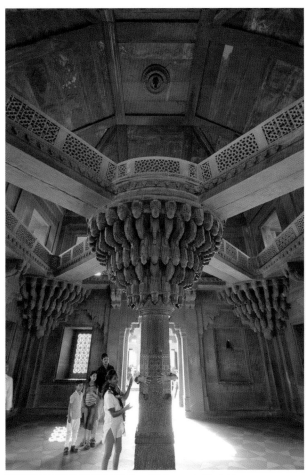

阿克巴王座中多元宗教合一柱 (een-i-Elahi.)

福音。他認爲任何宗教，都是同一位「萬能之神」，他是神在世上的影子。他創立了《Din-E-Illahi》，稱「神聖的信仰」（Divine Faith）。在勝利城的《信仰之屋》（Ibadat Khana），做爲他和各宗教神學家的聚會所。他自許爲宗教眞理統合者。新都勝利城不僅是印度的首都，更想成爲是宗教世界的中心。

然而，除了印度教、耆那教、錫克教是本土宗教外，伊斯蘭和基督教在各有自己的教義與使命，豈能容一個世俗皇帝來干預？特別是伊斯蘭基本教義派的反彈，如不改弦易張，可能動搖國本。爲化解內部矛盾和政治危機，只好以缺水爲藉口遷都，留給後人無限的想像空間。

不堪回首及重生

於 1585 年以迅雷不及掩耳下棄新都搬遷到拉合爾後，法第普西克里不久就被荒煙漫草覆蓋。直到 1619 年，阿格拉爆發鼠疫，賈汗吉皇帝，借勝利城避難 3 個月，從此又空無一人，從此被稱爲鬼城。

1599 年，阿克巴大帝從拉荷爾遷回阿格拉堡。逝世前 3 年（1605 年），開始在勝利城附近爲自己的陵寢動工。是否見證他對勝利城至死不渝的愛？

清真寺入口

清真寺入口

1581 年，英國旅行家 Ralph Fitch 曾經造訪過勝利城讚嘆這城堡無論建築、人口，遠超過當時倫敦的規模。

歷經幾個世紀，3 面建成的 8 公里長的圍牆仍然保護這都城。由於被當地人視為鬼城，固然建築體內空無一物，但無人使用，減少了人為的破壞，除了阿格拉路上的鼓樓入口 Naubat Khana 附近的舊城市集的一片廢墟。其他建物被雜草及土石淹沒外，所幸，大部分建築大部分完好無損。

直到近代，印度殖民政府，派人前往考古勘探，了解到法第普西克里建築群中的皇宮、公共建築、清真寺、皇居、營房、音樂表演舞臺、人工湖、瀑布飛泉、天井庭園……等等，發現這建築不凡的歷史價值。

重要建築景點

勝利城建築群，分兩大部份，一邊是清真寺 (Mosque Complex)，一邊是皇宮（Palace Complex），宮中的宮殿、涼亭建物群混搭了印度、波斯、印度穆斯林的傳統的建築，充滿了折衷主義的風格，勝利城重要的建物除了賈馬清真寺（Jama Masjid），公共接見廳（Diwan-e-Am）廳，5 層殿 Panch Mahal 和珠坦皇后寢宮（Place of Jodha Bai）佔地寬廣，是 2 層樓挑高建築，充份融合了印度和伊斯蘭風格。

清真寺內廊

清真寺及勝利門

勝利門 Buland Darwaza

勝利門建於西元 1601 年，是阿克巴大帝為紀念他在古吉拉特之勝仗所建。

這勝利門座落在法第普西克里宮殿入口處。

勝利門是世界上最高的城門之一，也是蒙兀兒建築的一個典範。它顯示阿克巴大帝的帝國的不凡的國力。勝利門由紅色和淺黃色砂岩製成，綴有白色和黑色大理石裝飾，聳立在清真寺的庭院前。

勝利門高 40 公尺，離地面 50 公尺。總高度距離地面約 54 公尺，約 15 層樓高，是法第普西克里城南入口。進城門共有 42 個階梯。半八角形的城門，兩邊有兩個較小的 3 層翼。

在勝利門的蜂巢門上的波斯銘文上寫著：聖母瑪莉亞的兒子耶穌說：「世界是一座橋，不要把世界視為永久的家園。要不停的祈禱，要超越它。」

宗教一統的哲學殿堂

勝利城的私人接見廳，是阿克巴大帝的哲學殿堂，建物中之精雕石柱（Unitary Pillar），象徵阿克巴大帝集各教理念於一尊（柱）的具體見證；此柱分別有佛教、印度教、伊斯蘭、基督教等各宗教的騰圖，傳遞他對各宗教一律平等的決心。

結語

法第普西克里城（勝利城）幅員遼闊，棄置幾百年後，終於在 1986 年，獲得聯合國科文教組織指定為世界文化遺產，評量法第普西克里城為處於變動時代中，最有遠見的創新城市，為 16 世紀蒙兀兒王朝輝煌時代做見證。

阿克巴大帝在法第普西克里城建築群，留下的文化遺產。不僅滿足他個人的審美觀與創造力，並兼顧他的文化認同、政治傾向、本土性以及承襲傳統技法創造新風格，成為後世建築風格的典範。 充滿生命力、創造力的宮殿城市將阿克巴大帝他治國理念、宗教宇宙觀的高度表露無遺。打造和大自然共生，充滿了恢宏氣勢、生命柔情的文化遺產，令後人對阿克巴大帝充滿了無限讚嘆及崇敬，想來不禁要對他頂禮膜拜！ ◢

牆飾

殖民時代
Colonial Era

維多利亞火車站

賈特拉帕蒂‧希瓦吉終點站，舊名維多利亞終點站（縮寫爲 VT 或 CST）位於印度孟買市區內。孟買爲馬哈拉施特拉邦首府，西鄰阿拉伯海，是印度國際貿易大港、印度的金融首都、電影寶萊塢基地，時裝和旅遊業發達，爲印度經濟和文化中心。

維多利亞火車站

Victoria Terminus

馬哈拉施特拉邦孟買市
座標：N18 56 24.44 E72 50 10.33
指定日期：2004 年
標準：（ii）（iv）

位於孟買市中心的維多利亞火車站是一座歷史悠久的火車站，也是印度最繁忙的火車站之一。2004 年 7 月 2 日，這座車站被聯合國教科文組織列為世界遺產。

孟買——小漁村的天翻變

葡萄牙瓦斯科‧達伽馬於 1498 年成功的登陸印度，取得香料所航行的路線，直接提振葡萄牙帝國經濟後，在歐洲列強間掀起了「大航海時代」序幕。1534 年葡萄牙人從古吉拉特蘇丹中獲得了孟買等小漁村島嶼，但一直是閒置著。葡萄牙為了聯合英國對抗荷蘭，於 1661 年，葡萄牙國王將凱薩琳公主嫁給英國國王查理二世，並將孟買和摩洛哥的丹吉爾作為嫁妝送給英國。

英國於 1600 年成立的東印度公司，它承擔了一個準政府的角色，公司擁用自己的部隊、推動西方教育、擴大法治和技術創新，被視為是英國政府的白手套。

1668 年，東印度公司將位於蘇拉特總部的遷到孟買，在孟買的東岸建造了深水港，作為英國前來南亞次大陸的第一個

維多利亞火車站

停靠港口。孟買最終成爲東印度公司管轄區的總部。

孟買英國殖民歷史

在 1857 年的印度革命（英國稱叛亂）之後，英國決定拋棄東印度公司這白手套，直接統治南亞次大陸印度，於 1876 年維多利亞女王正式加冕爲印度女皇，英國隨後加速進行本土化的統治手段及改革。

到 19 世紀，做爲英國大西部鐵路（Great Western Railway）通訊的電報發明，1869 年蘇伊士運河通航，蒸汽船出現，縮短了孟買到英國的旅行時間，印度廣闊的腹地貨物的運輸，如絲綢、硝石、靛青和茶葉等商品，南北戰爭爆發，英國急需印度原棉，如何可直接以快捷的方式到歐洲，孟買港口鐵路開闢成爲當務之急，於是大英帝國決心將孟買建設成掌控印度最重要的門戶。

在 19 世紀中葉，相繼有 8 家鐵路公司成立，其中包括大印度半島公司（Great India Peninsula Company），連接到東部的馬德拉斯（清奈）及加爾各答主要港口。

在開幕式上，總督市長致詞：「整個印度將統一在覆蓋的鐵路線上！」

如今總部在孟買的印度半島鐵路雖然已於 1951 年停止活動，但這原名爲「Bori Bandar」的火車站，1878 年關閉之後於 1888 年後重建爲今日的維多利亞總站。

維多利亞火車站

維多利亞總站啓動了
孟買哥特式建築的浪潮

1862 年至 1867 年當時擔任孟買總督的巴特爾弗雷爾爵士（Sir Bartle Frere）爲實現孟買從軍事要塞過渡商業中心的決心。他拆除過時的聖喬治堡壘的圍牆，塡海造地，廣邀當時擁有孟買島大半土地的帕西人（瑣羅亞斯德教／波斯人）參與孟買建設，因應城市大規模的商業發展，人口成長。他在堡壘區內和周圍建造多座建築物。這些建築物包括營房、醫院、高等法院、小型法院、警察法院、郵局、電報局、海關大樓、政府官員宿舍、秘書處、財政大樓、印度辦事處和原大印度半島鐵路（GIPR）的車站。

總督弗雷爾熱衷於發展英國 - 印度建

維多利亞總站

築風格，而當時委員會成員的托馬斯羅傑史密斯試圖根據哥特復興主義的方式來定義孟買，1843年紀念阿富汗戰爭的受害者的阿富汗教堂是孟哥特式的建築，似乎給孟買這城市爲現代商業城市的象徵總督及建築師們找到共同的靈感。

火車站的設計者是弗雷德里克·威廉·史蒂文斯（Frederick William Stevens 1848–1900）。起造之前爭論不休，最大分歧是支持加入本土風格和反對在殖民地建築中使用本土風格兩派，反對者傲慢的說：一個帝國應該穿自己的衣服。支持的建築師除了欣賞印度建築的美學之外還考慮本土建築架構上之季節氣候的變化，如氣候因素，考量適應孟買大海直接吹來的風的對流及散熱等經驗和依賴當地工人技能和材料屬性及可用性和成本的等現實等實際問題。

殖民政府對建築火車站風格無法統一，兩造在審美和實踐方面爭論不休。然而早在1768年，在馬德拉斯（欽奈 Chennai）完工的 Chepauk Palace 皇宮及一系列的印度撒拉遜 (Indo-Saracenic) 建築出現的案例，讓孟買官方採用了孟買哥特式（Bombay Gothic）建築及融入蒙兀兒的建築元素。更重要的是「大英帝國建築物旨在提升政府的形象，並使其能夠更有效地擴展其服務和統治形像」。直白而言，在殖民政府時代，建築是一種政治選擇，而不完全是審美選擇。這座車站於1888年起造，大約花費10年建成，被歸屬爲印度撒拉遜 (Indo-Saracenic) 建築。不論是孟買哥德式（Bombay Gothic）或是印度撒拉遜建築，在孟買蔚然成，後來成爲19世紀後期印度英國建築師主要使用的建築風格。

CST 歷經10年工程駿工了，那一年1887年，正值維多利亞女王50歲生日大慶，車站命名爲維多利亞女王總站（Victoria Terminus）以慶祝她的五十歲生日。

維多利亞火車站，走過130多個年頭，至今依然屹立不搖，運作正常，仍然備受矚目。

這哥德式火車站圓頂，具有更多東方風貌的創新性，又不失雄偉典雅的維多利亞總站，據聯合國教科文組織網站稱，是源自於晚期中世紀意大利再創新之作。這種風格在歐洲和印度的眼中都是可以接受的，因爲它巧妙與蒙兀兒和印度教建築的顏色和裝飾相容。

維多利亞總站可能是孟買哥德式復興建築中有著繁複裝飾的建築物，其宏偉壯麗的目的是激發當地居民以及英國行政人員，士兵和定居者的敬畏。CST 建築裝飾雕塑精美，不論是建物上的精巧的裝飾，大寫字母和其他特色如天際線，小炮塔，尖拱和奇特的地平面圖都與傳統的印度宮

維多利亞火車站

女神雕像

殿建築相近。

世人對孟買印度維多利亞火車站設計的歐洲處理和印度建築上的矛盾觀點以及折衷主義的美學成就高度的肯定，CTS 的建築深深地影響印度近代建築。有趣的是，至今難有超越的建築出現。

結語

在英國殖民政府時代，維多利亞總站不僅是「商業帝國的一座國會大廈」，這建築物象徵著大不列顛尼亞的霸權和威嚴，更重要的是，帝國的技術成就將鐵路引入印度的地標建物。因此，在建築物穹頂的頂端的女神雕像，舉起的手中的火炬，就象徵著進步神聖的女王領導的權威。

因為擁有優良的天然港口和完善的鐵路運輸網絡、美麗的公共建設及多所優秀的大學，孟買躍升成為印度西部城市卓越的商業城市。在 19 世紀末期印度殖民地的財富穩定增長。隨著財富和教育的增加，多樣城市文化逐步發展創

造了印度人對殖民帝國家的認同。（但仍然有很多印度人始終不認同英國的殖民作為，否則不會發生 1857 年的起義事件）。

即使在大英帝國遠離印度後，它仍然可以作為帝國的視覺標誌。建築本身雖不表達殖民主義的文化，反而是嵌入在一個更大的殖民控制系統中。

到了現代，CTS 它也是中央鐵路的行政總部，原始月台數量為 9 個，由於站內又連結孟買火車線，為了服務日益擁擠乘客，又增加 4 個月台，用於處理幹線交通，CTS 每天有超過 350 萬人次的運輸量，近 3500 人在車站和行政辦公室工作。CST 是歐洲人和印度人之間不分宗教、種姓和階級所共享的建築。車站外，車水馬龍人車鼎沸：進出車站的人，行色匆匆萬頭鑽動。這些外地、本地人，很少能夠駐足去欣賞這美輪美奐的建築。倒是外來的觀光客為了欣賞這建築，冒險在站外車陣中穿梭捕捉每一個絢麗的車站角度，還真令人膽戰心驚。

維多利亞火車站站於 1996 年及 2015 年在印度正名運動下，為記念 17 世紀偉大的 Maratha 國王的名字命更名為 Cha-trapatiShivajiMaharaj Terminus。包和William Emerson 加爾各答的維多利亞紀念館（1905-1921）。☕

東方羅馬——果亞

果亞的教堂和修道院

位於印度西岸沿岸地帶的果亞，是聞名於世的觀光旅遊勝地。精緻宏偉的教堂、廟宇以及保存得當的葡式房舍，其輝煌的建築風格呈現出秀麗的人文風情，讓果亞成為來自世界各地觀光客的最愛。

聖卡塔林娜大教堂

Churches and
Convents
of Goa
果亞
座標 N15 30 7.992 E73 54 42.012
指定日期：1986 年
標準：（ii）（iv）（vi）

世人稱果亞（Goa）為「東方明珠」，它是印度共和國面積最小、但人口排名卻高居第四名的小邦。果亞有著得天獨厚的細柔沙灘和蔚藍海景等天然景觀，再加上其獨特的歷史、豐富多元的文化，以及出色的美食。在 70 年代初期旅遊果亞便成為旅者心中令人難忘的經驗，現在更是知名國際的觀光旅遊勝地

牧牛者的國度

果亞的歷史最早可追溯至西元前 3 世紀孔雀王朝。印度史詩〈摩訶婆羅多〉（Mahābhārata）中提到的「果帕拉施特拉」（GopaRashtra），意為牧牛者的國度，也就是今天的果亞。

果亞歷經佛教、印度教、穆斯林等宗教文化的洗禮。中世紀前，果亞對外貿易已相當繁盛，自古就為阿拉伯人，波斯人，猶太人，東非洲人，中國人等海外商賈與印度貿易之門戶。貿易產品從植物的香料、茶葉、鴉片等，到鑽石、金銀珠寶等等應有盡有，商賈往來商貿鼎盛。古書中記載著，果亞到處有印度廟、教堂、清眞寺等宏偉的建築，其文化的多元豐富見微知著。

當年，果亞曾是印度穆斯林前往麥加朝聖最重要的出海港。15 世紀時，海權時代列強競逐遠東，風起雲湧，果亞成為葡萄牙在印度殖民政府的首府

和亞洲貿易與傳教中心。葡萄牙掌控印度香料，主導著由遠東至歐洲香料貿易，果亞就此成為葡萄牙帝國皇冠上最美麗的珍珠。

美麗與哀愁

翻開歷史卷軸，果亞是世界近代史中最亮眼的焦點。然而，在這樣亮眼的歷史背後，果亞的發展卻是滿足了滄桑苦難，美麗與哀愁。

回顧歷史，從歐洲十字軍東征（1096-1291年）到成吉思汗入侵中亞，1240年攻陷基輔，次年入侵波蘭、匈牙利，擊潰日爾曼，逼近維也納，一直到接下來的英法百年戰爭（1337-1453年），一連串的征戰、波動令歐洲人民苦不堪言。13世紀的鄂圖曼帝國，阻撓由歐洲往東方的絲路，且威尼斯共和國又壟斷印度香料。1405年起，鄭和多次下西洋取得重大的成就，更加速了歐洲人對亞洲的嚮

瓦斯科 - 達伽馬 Vasco da Gama 勝利門

往，成為航海技術進步的動力。

有遠見的葡萄牙國王，早在 1455 年已挾持羅馬教皇，令教皇下詔書「凡屬業已征服或將被征服的地方，均應讓與並歸屬阿方索（Afonso V）、王儲及其繼承者。自博哈多爾角至幾內亞全部海岸及整個東方，今後將永歸國王阿方索及其繼承者享有主權」。於是，在 1497 年，葡萄牙航海家瓦斯科‧達伽瑪（Yascoda Gama）率領遠航船隊，繞過非洲好望角、阿拉伯海，並在南印度卡利卡特（Calicut）登陸。當時，他以「宣傳基督教義」和「取得東方財富」為最高任務，並於 1500 年在卡利卡特設立商館。

1510 年 11 月 25 日的聖凱薩琳節（La Fete Sainte Catherine），葡萄牙遠征軍大公阿芳索‧阿爾布爾克（Afonsode Albuquerque）打敗了當時的穆斯林王，占領了果亞。1530 年，再將原設立在喀拉拉邦（Kerala）的科欽（Kochi）的亞洲總部，改設在果亞舊城（Goa Velha）。時任總督的他，信心滿滿的要將果亞變成葡萄牙國王上的桂冠。

葡萄牙運走亞洲香料，占總產量的十分之一，取代了威尼斯共和國，主導著由遠東往歐洲的香料貿易市場。葡萄牙決心將果亞建立為宗教及軍事基地，並將其提升為葡萄牙的東方首府。

果亞葡萄牙民居

亞洲天主教中心

16 世紀時，葡萄牙是當時最富饒的殖民帝國。爲表達對梵蒂岡天主教羅馬教廷忠誠，因此鼓勵葡印通婚，並且到處大興土木修建教堂及修道院，廣建教會學校，計畫將果亞變成亞洲的天主教福音中心。1577 年，耶穌會傳教士利瑪竇（Matteo Ricci）也是先到果亞研習後才獲准赴遠東傳教。

果亞教堂內的雕刻與繪畫，將葡萄牙歌德式與巴洛克藝術的融合發揮得淋漓盡致。當時在果亞建了 60 座天主堂，根據當代旅人之遊記敘述，果亞的教堂景觀比羅馬還壯觀，里斯本更是望塵莫及，當時的果亞因此被世人稱爲「東方羅馬」。這些天主教建築藝術隨著葡萄牙在亞洲各地的貿易發展，直接傳播到麻六甲、澳門、日本長崎等地，影響至今。果亞是印度第一個歐洲殖民地，初期天主教和在地的印度教及伊斯蘭教格格不入，兩種文化相去甚遠，衝突不斷。歷經將近 500 年的統治，葡萄牙的宗教、建築、飲食及當地景觀融爲一體，果亞成了印度浸潤歐洲文化最深

仁慈耶穌教堂

的地方。即便葡萄牙於 1961 年將果亞回歸予印度，街頭巷尾至今仍保留著殖民時期的遺跡，充滿懷古幽情。殖民時代在果亞舊城（GoaVel ha）遺留的教堂，早已列入世界遺產，為印葡融合時代留下歷史見證。

世界遺產點將錄

果亞舊城，由於 17 世紀瘧疾和鼠疫虐所致，原本有 20 萬人口，到 1775 年人口降至 1500 人，當時的行政中心並轉移到帕納吉市。

今天世界遺產主要還是集中在舊果亞，離現在的首都帕納吉 9 公里。在舊城方圓 3 平方公里內，隨處可見宏偉的教堂、禮拜堂、修道院、公部門建築、富麗宅院和一般民房等，雖然其中有部分已經是斷垣殘壁，但大多數仍然運作如昔。

其重要文化景點介紹如下：

仁慈耶穌大教堂
The Basilica of Bom Jesus

果亞最古老及亞洲最大的教堂，也是舉世聞名的巴洛克式建築典範，建於 1594 年，又被稱為生生不息的教堂 (Live Church)，也是基督教歷史上的一個里程碑，是聯合國教科文組織（UNESCO）指定為世界遺產中的最重要建物。此教堂最廣為人知的是，葬在仁慈耶穌大教堂的聖方濟沙勿略（St. Francis Xavier, 1506-

教堂內景

1552）遺體安息於銀製的棺槨中，當年沒有使用任何化學藥劑，肉身至今不壞，人們相信這是天主的奇蹟。聖方濟墓室中精美的銀棺及雕刻藝術和聖人生活繪畫，是義大利佛羅倫斯梅第奇家族捐贈，並委由 17 世紀有名的佛羅倫薩雕塑家 Giovanni Battista Foggini 足足花了 10 年時間才完成。

教堂除了精心製作的鍍銀祭壇，地板是大理石鑲嵌寶石，教堂建築之藝術風格直到今天仍影響亞洲各國，每天更有

5000 名國內外觀光客造訪。每隔 10 年的 12 月 3 日聖方濟沙勿略逝世紀念日，除了舉行多場大彌撒，更將銀棺抬出來巡遊一次，供人瞻仰，吸引數十萬來自世界各地的朝聖客。

聖卡塔林娜大教堂
St.Catalina Catfialraf

1517 年建立的科林斯式建築群，有博物館、修道院等設施，迄今仍為亞洲最具規模的天主教堂之一。

阿西西的聖方濟教堂和修道院
St. Francis of Assisi church

1661 年由葡萄牙印度總督開始著手興建阿西西的聖弗朗西斯教堂，教堂內佈滿了美輪美奐且價值連城的藝術品，吸引無數遊客參觀。

中央壁龕上的 3 層門面，每側有八角形的塔，在中央的壁龕則有一尊聖麥克

阿西西聖方齊大教堂

雕像。主入口處有圓形裝飾壁柱和拱形中殿，以及拱形唱詩班台，教堂內部掛有花卉圖案的壁畫。主壇部份有耶穌及十字架大型雕像，下方則是聖彼得和聖保羅的雕像毗鄰，牆壁上則保留聖方濟的生活繪畫，極具可看性。此外，也保留眾多古老傳統，造訪此地令人心靈愉悅。

聖卡也達諾教堂 Churches of Caetano

出自義大利建築師之手，教堂中央還有典雅的鐘樓與穹頂，主體則仿自羅馬聖彼得大教堂。

玫瑰聖母教堂 The Church of Our Lady of the Rosary（1544-1547）

玫瑰聖母教堂是果亞最古老的教堂之一，它靠近仁慈耶穌大教堂，位於聖舊果亞山的西側，是為了紀念「葡萄牙戰神」阿方索·阿爾伯克基（Afonso de Albuquerque）將軍在 1510 年戰勝比賈布王（Bijapur）而建的。聖方濟·沙勿略每天晚上在在這個歷史悠久的教堂裡宣講教義。其教會建築為曼努埃爾式（Manueline）建築風格，是 16 世紀融合了摩爾伊斯蘭和當地特色的哥德式和文藝復興時期的風格建築。主祭壇承襲玫瑰聖母的形象，教堂內寧靜平和，內部裝設簡樸並沒有華麗的裝飾。

16 世紀果亞宗教迫害之斷頭台

不腐朽聖芳濟棺木

其他必看景點

舊城中還有聖奧古斯汀教堂 (church of St. Augustine)、聖亞納教堂 (church of St. Anne)，和當年葡萄牙帝國最具規模的聖莫尼卡女修道院 (Convent of St Monica) 全都近在咫尺。

步行在民風純樸的老街上，欣賞著一棟棟的舊教堂，走過瓦斯科‧達伽馬的勝利門；這些古老建築寫著歷史，讓人彷彿走入時光隧道，在時光中旅遊，也等於上了一堂印西文化交流的歷史課，令人對果亞的人文風情有著更深刻的印象。

瀕危的世界文化遺產

1982 年 UNESCO 建議，果亞申請為世界遺產應擴大到整個果亞舊城，不應以單一個案來申請。UNESCO 認為，由果亞教堂和修道院派出的傳教士在亞洲各國的傳教活動，對亞洲天主教建築文化有深遠的影響，也足以和天主教在拉丁美洲傳教的過程相提並論。

然而，UNESCO 對果亞文化遺產的維護亦憂心如焚：大部分建築外表在雨季時，因為豪雨侵襲而受損嚴重，再加上木造結構被薰香破壞，教堂屋頂及牆上的灰泥裝飾藝術品因潮濕與振動時有損毀，還一度被 UNESCO 列為瀕臨危險的名單。

葡萄牙殖民的 460 年，在果亞留下的建築物和西方文化烙印，時至今日仍隨處可見。這些不同年代、不同的建築見證了不同的歷史事件。當年葡萄牙兵臨城下，拆廟割地的殖民傷痛，早已在教堂聖歌中得到告解，印、葡通婚已為常態，更是血濃於水，也為獨特的「印葡文化」（Inda Portuguese Cultures）注入新血，更贏得「印葡花束」（The Indo-Portuguese Bouquet）的美名。充滿異國風情的果亞，儼然已成為觀光客旅遊的最愛。▲

聖奧古斯汀塔的復原工程

帝國經濟動脈
印度的山區鐵路

印度的鐵路有 150 年的歷史，四通八達，物美價廉，堪稱英國留給印度最大的資產。在 115,000 公里長的鐵路網中，最獨特的鐵路反而是最古早的高山蒸汽火車。在狹窄的火車軌道上以舒緩的速度前進，穿越鬱鬱蔥蔥的山脈和連綿起伏的丘陵，欣賞沿途壯麗的景色，是不同凡響的體驗。

大吉嶺鐵路 Darjeeling Himalayan Railway

Mountain Railways of India

西孟加拉邦
座標：N11 30 37.008 E76 56 8.988
指定日期：1999/2005/2008 年
標準：(ii) (iv)

印度六條高山鐵路建於 19 至 20 世紀初的英國殖民統治時代，共有 3 條鐵路：大吉嶺喜馬拉雅鐵路、尼爾吉里（Nilgiri）高山鐵路和西姆拉（Kalka-Shimla）鐵路，已被列爲聯合國教科文組織世界遺產。

最初這些高山鐵路主要是東印度公司產業鐵路，是爲了因應從大吉嶺及尼爾吉里（Nilgiri）一區茶產業的運輸需求而生。

這些線路將印度風景秀麗的車站與山麓連接起來，崎嶇的軌道通過優美的山地風景，不斷地向上延伸，傲視九重天的壯舉，令人驚嘆。鑑於地形崎嶇，沿線的鐵路隧道、橋樑、軌道鐵軌等建設，皆充滿了奇蹟，成爲高山鐵路的傑出典範，也是一生非去不可之最美鐵路之旅。

大吉嶺喜馬拉雅鐵路
Darjeeling Himalayan Railway

大吉嶺喜馬拉雅鐵路 (Darjeeling Himalayan Railway)，簡稱爲 DHR，當地暱稱爲玩具火車。坡度不大，只是路線十分彎曲，軌距 610 公厘，最小曲線半徑只有 17.9 公尺，最大坡度千分之55,5。這鐵路建於 1879 年至 1881 年通車。施工期間突破了無數的創新工程，沿線一共有 6

個鋸齒形和 5 個環形線技術，被稱為印度山區鐵路的典範。

列車於 1881 年開始通車，營運初期是一種只提供觀賞世界著名大吉嶺紅葉的便捷運輸。

鐵路提供了有效連接、橫跨美麗山區的便捷以及探索喜馬拉雅雪峰宏偉景色的樂趣，包括雄偉的印度最高峰——干城章嘉峰（Kanchenjunga，海拔 8,586 公尺，為世界第 3 高峰）。

從大吉嶺到印度最高的紅熊貓火車站（Kurseong），上述路段皆使用老式英國製造的 B 級蒸汽擔負起重任。而從紅熊貓以下到新甲培古里（New Jalpaiguri）路段，則以使用柴油火車運行居多。這兩段都以紅熊貓為分水嶺，成為各車庫調度集散地。

蒸汽火車愛好者特別鍾愛這條從西里古里（Siliguri）的 120 公尺處開始循序漸進爬升到 2,257 公尺處的昆姆（Ghum），共 83 公里長的鐵路。蛇形軌道穿過無數的轉彎、環路、髮夾轉彎、隧道和橋樑。這忽而風光旖旎，忽而巍巍壯觀的高山，不會兒，隱沒在奇煙怪霧之中，高山鐵路奇特舒緩的體驗，人們肯定將長留在珍貴的回憶中。

山區鐵路

依偎在殖民地魅力的西姆拉鐵路風情
Shimla Railway Station

建於 1898 年，位於海拔 656 公尺高的卡爾卡 - 西姆拉鐵路一直到海拔 656 公尺高的西姆拉車站，沿途風景如畫、高山峻嶺，覆蓋了總長 96 公里的路線。軌距只有 762 毫米的窄軌鐵路、從卡爾卡橫穿一座座的山頭到西姆拉，沿途建設了 107 座隧道和 864 座橋樑，沿線有 919 條曲線，最銳利的是 48 度，其工程之艱巨，都是過去無可比擬的。

1903 年 11 月 9 日開始通車，西姆拉鐵路的建設，是為了方便英國殖民政府官員能人在炎炎夏日到涼爽的喜馬拉雅山下的避暑勝地西姆拉而建的鐵路。

西姆拉現在是喜馬偕爾邦首府，除了山地車站及「玩具火車」美稱的魅力外，西姆拉亦是著名的「山丘女王」，坐擁一系列英國殖民時代的歷史建築。其中最主要的是位於天文台山的英國總督夏宮（Viceregal Lodge），其建於 19 世紀，保存完好，是英國混合民族文藝復興時期風格的建築，裡面的典藏歷史事件包括 18

西姆拉鐵路風情 Kolka Shimla railway

萬冊的圖書館及獨立之前後的文物。

其他不容錯過的景點，包括新哥德式基督教堂，里奇（The Ridge）文化活動的中心，獻給印度教神的雅庫神廟，哈努曼勳爵和繁華的商城路，以及點綴著充滿活力的地方咖啡館、餐館、購物中心、傳統手搖紡織機等。此外，美麗的風景也使其成為戶外探險者的理想之地，旅客在此可以盡情享受休閒活動，如露營、山地自行車、滑雪、滑冰、露營、滑翔傘和短程徒步旅行。

尼爾吉里高山鐵路
Nilgiri Mountain Railway

尼爾吉里高山鐵路位於印度南部泰米爾納德邦的尼爾吉里山烏蒂（Ooty），是著名的高山車站景點。

烏蒂站成立於 19 世紀初，為英國人設立的清奈政府夏季總部，也是當時運送農產品的集散地，以及世界知名的藍山紅茶（又稱尼爾吉茶）的原產地。如今已成為現今令人窒息的炎炎夏日中，最吸引遊客的避暑勝地。

尼爾吉里高山鐵路 Nilgiri Mountain Railway

鐵路特色

1908 年 10 月 15 日起通車的尼爾吉里高山鐵路是舒適乘坐的工程壯舉。從海拔 325.8 公尺的美圖帕拉亞（Met-tupalayam）為登山鐵道起點，開往烏蒂站，火車攀登海拔 2600 公尺途經古努爾（Coonoor），就必須更換柴油火車頭，以較低坡度繼續爬山。尼爾吉里高山鐵路全長 46 公里，有 16 座隧道和 250 個橋樑，208 條曲線。上坡路程約需 4.8 小時，下坡路程需要 3.6 小時。平均時速不到 12 公里，不思議的慢。由於周圍的岩石地形、溝壑、茶園和茂密的森林覆蓋的山丘，坐在火車裡欣賞沿途風光及窗外的一幕幕美景，令人目不暇給。因此，「緩行慢走」反而成為在尼爾吉里旅行最大的特色。當您經過尼爾吉里生物圈保護區時，您可以觀賞周圍最美麗的自然風光和野生動物。到了古努爾及其世界著名的茶葉，本身就是一個著名的旅遊目的地。

尼爾吉里山鐵路，是印度唯一的米軌機架鐵路，也被稱為齒軌的蒸汽火車，上下兩排的汽缸與驅動結構，上排驅動齒輪，下排驅動火車的動輪，在列車後端推進上山，為火車上升陡峭的斜坡提供了安全及動力。這顯然是亞洲最陡峭的軌道，從海拔 1,069 英尺增加到海拔 7,228 英尺，是非常激勵人心及了不起的發明。

相信這種齒軌的登山鐵道，正是尼爾吉里在 2005 年獲得聯合國世界遺產的關鍵所在吧！

然而由於反復出現技術障礙，煤炭可能引發森林火災的風險。近年來，這種老式燃煤蒸汽機已被新的燒重油蒸汽機取代。

除役的蒸汽機在哥印拜陀（Coim-batore）和烏蒂火車站以及美圖帕拉亞的尼爾吉里高山鐵路博物館展出。

結語

這被聯合國列為世界遺產的 3 條鐵路，都是優秀的山路客運鐵路的例子。它們各在不同背景條件下建設鐵路工程，也都是英國殖民政府下的遺產活化石。在施工期間克服萬難，採用大膽而巧妙的手法，以解決在美麗的山區建立有效鐵路連接的問題。當年在貧瘠高山峻嶺的山區，通過鐵路使得山區茶產業可以從種植到產銷，透過快捷火車擴大通路從高山到加爾各達及馬德拉斯（今清奈），使印度的茶產業至今仍揚名世界。

19 世紀鐵路的發展，對印度的社會和經濟發展產生了深遠的影響，山區鐵路是集體技術的傑出典範。

至今這 3 條鐵路仍然在全面運營，也成為印度觀光的亮點。

至於殖民時代，英國對印度的剝削是不能否認的事實，也是讀不回的歷史。

然而，印度山區鐵路展現出重要的文化和技術轉移，對印度鐵路後世的發展，也是不容抹滅的事實。🖤

奇幻之都
孟買維多利亞時代和裝飾藝術

孟買的堡壘區和海洋大道上的維多利亞時代風格的建築，以及散布各區的裝飾藝術建築，皆被列為聯合國教科文組織遺產，這是孟買市獲得的聯合國第 3 個世界遺產。

印度哥德式建築

Victorian Gothic and Art Deco Ensembles of Mumbai

馬哈拉施特拉邦
座標：N18 55 47.3 E72 49 48.3
指定日期：2018 年
標準：（ii）（iv）

孟買擁有僅次於邁阿密的第 2 大裝飾藝術建築群以及各種豐富的哥德式建築；從雄偉的維多利亞車站總站（Chatrapati Shivaji Maharaj Terminus）到市政公司總部和高等法院，令人處處驚豔。

孟買其他兩件世界遺產，包括了孟買對海的象島石窟（Elephanta Caves）及維多利亞火車站（CSM Terminus），是於 2018 年 6 月 30 日在巴林麥納麥的教科文組織會議上宣布的。

源起

孟買在世紀中葉，弭平了兵變。英國女王維多利亞於是開始大興土木，各地的鐵路交通網絡日新月異，全國各地的原物料可直送到孟買。蘇伊士運河開通後，孟買成爲國內外客貨轉運中心，貿易不斷成長，孟買中產階級人口因而快速增長。越來越多的外地人移民到孟買尋找機會，也間接造成了土地開發和新公共建設的迫切需求，另外住宅建設也因此蓬勃發展。

遺產地點

1862-1867 年間，孟買總督巴特爾弗雷爾爵士（Sir Bartle Frere）在城市更新

左上、右上、下：孟買城市街景

後，企圖將孟買從軍事要塞過渡成為商業中心，並拆除掉東印度公司的聖喬治堡壘圍牆。此區域新生地範圍從東部的碼頭延伸到西部的 Azad Maidan；北部從維多利亞終點站到城南的藝術聚落 Kala Ghoda。如今該地區成為孟買金融區的中心，著名的機構，如孟買證券交易所、印度儲備銀行和塔塔集團總部都設在此喬治堡中的牆遺跡區域。

哥德式混搭建築

左上、右：威爾斯王子博物館

左：當代索羅亞斯德廟
下：Art-deco 電影院

下：孟買街景 Art-deco 混合建築

遺產類別 - 維多利亞哥德式建築

維多利亞火車站以其哥德式建築爲特色。哥德式風格是從新古典主義建築發展而來，它反映現代歐洲流行款式，以富有秩序的單色主軸色，以及善用莊嚴的表象和顏色來美化雕刻和呈現敘事詩的元素等，包括了飛扶壁　柳葉刀窗戶和彩色玻璃。這其中還包括了來自歐洲的元素影響，如德國山牆、荷蘭屋頂、瑞士支護及浪漫的拱門和都鐸窗扉。另外還混合融入了印度蒙兀兒的元素，如圓頂、拱門、彩色玻璃、尖頂、和尖塔等等。

由於哥德式建築特色在於獲得的巨大空間，非常適合教堂建築，世界著名的巴黎聖母院爲其風格代表。因此當繁華的孟買逐漸有公共大廳、國會大廈和大型建築的需求時，便以哥德建築爲孟買都會定調，於是哥德時代於此逐漸蔓延。在孟買的哥德式建築後來稱爲「孟買哥德式」（Bombay Gothic）或是印度撒拉遜建築。它的空間美學與氣候的對流關係，又符合英國殖民政府用來表彰統治階級權威的政治符號。

根據名作家揚‧莫里斯曰：「孟買展

孟買街景建築

上：孟買街景　下：孟買夜景

現出維多利亞時代折衷主義之大成，無疑是世界上最典型的維多利亞式的城市。」

區域 - 多元經典建築聚落

除了雄偉的維多利亞哥德式建築外，裝飾藝術建築群亦是孟買的一大亮點。美不勝收、呈現橢圓形狀的邁丹（Oval Maidan）是極受歡迎的運動板球和足球場，佔地面面積為 22 英畝，是孟買市大型公共休閒活動中心。

附近著名的哥德式公共建築，包括了孟買高等法院、孟買大學、舊秘書處、國家現代藝術畫廊（National Gallery of Modern Art）、埃爾芬斯通學院（Elphinstone College）、大衛沙宣圖書館（David Sassoon Library）、威爾士王子博物館（現為 ShivajiMaharajVastuSangrahalaya）和西部鐵路總部等。

上述建築群都是在 19 世紀的 60 年代左右，英屬印度（British Raja）統治時期一度興起的建築熱潮下所建造的，而其中一些是由印度富商及帕西人（瑣羅亞斯德教 / 波斯人後裔）共同資助的。

遺產類別 - 寬鬆自由的裝飾 Art Deco 藝術

在另一方面，隨著裝飾藝術（Art deco）新風格席捲全球，其成為 20 年代的活力象徵和現代建築主要風格代表。隨著印度建築師協會於 1929 年在孟買成立，

古典索羅亞斯德廟

左、右：孟買小吃

上：與印度電影名導演安尼夏馬對談照

以及後來眾多熱情的城市規劃師的推動，使得孟買同邁阿密及紐西蘭納皮爾（Napier）並立為世界 3 大裝飾藝術之都。

裝飾藝術的美學要點在於簡潔流線型的技術和寬鬆自由的空間。印度人把孟買的裝飾藝術建築同當地傳統與未來願景連結在一起，形成巧妙的「傳統中創新」的新景象。最常見的裝飾建築便是將傳統印度神話元素融入為其主題創作，因此四處可見神話中的神靈、女神等古老意象被納入 Art Deco 外牆浮雕中。來自波斯，由帕西人帶來的獅身人面等中亞埃及古典元素和符號，也給了印度設計師 Art Deco 融合的靈感。

區域 - 充滿當代的自由神韻

濱海大道、印度板球俱樂部 (Cricket Club)、 帕西人（瑣羅亞斯德教）的寺廟，以甘地路的新印度保險大樓及 Churchgate 區的愛神（Eros）、富豪（Regal）和自由之秋（Liberty fall）等知名電影院，都屬於這一類融合的創新裝飾藝術建築風格。

在孟買市中心和北城仍然可以看到裝飾藝術風格的新舊公寓別墅和房屋聚落。遊客可以輕鬆地自由觀賞這些建築。

裝飾藝術建築是第一個被列入世界遺產的現代建築，這與印度之前所被提名的大古代和中世紀等遺址意義全然不同。這申請世界遺產的複雜過程路途漫長，不僅是政府各部門的努力，也是橢圓形邁丹（Oval Maidan）等地區的社區公民團體通力合作的甜美果實。

孟買人的對其建築藝術的認同和努力，讓這座城市的遺產不僅保有傳統及當代的古蹟，更使其進而成為生機勃勃的動態文化城市。至今孟買市民仍積極活化使用這些建築物。19、20 世紀的城市發展浪潮使得孟買從最早的小漁村，逐漸成為軍事堡壘、建設了深水大港，成為國際貿易大港的前哨站，終於成為印度第一大都會，可說是完全地翻轉。

未來孟買市民對比得來不易的遺產榮耀，後繼責任必須取得全民永續經營的共識。根據筆者了解，在申請世界遺產期間，正值孟買經歷多個開發案之際。沿著市區重要地段，地鐵 Metro III 的建設，如火如荼地展開。這些新建工程對現有的文化遺產產生威脅，恐產生結構性的受損，令人膽戰心驚。因此在當時的確也造成孟買市民對申請世界遺產資格失去信心。

如今，加入聯合國教科文組織的文化遺產名單將促進該市的文化旅遊。根據旅遊部門的一項研究表明，從孟買旅行的人中，有 98% 的人想再訪問這些獨特的遺產地。

這對促進孟買的文化旅遊肯定會有所加分，也對印度其他城市文物的重視，有正面的啟示。♟

其他 Other

與窟共生
賓貝地卡史前石窟

賓貝地卡石窟（Bhimbetka），地處中央邦博帕爾東南約 45 公里處，位於中部高原溫迪亞山脈（Vindhyan）的丘陵山腳下。目前是印度岩洞遺址中最知名的景點，也是全世界 6 大岩石藝術遺址之一。

史前石窟示意圖

Rock Shelters of Bhimbetka

中央邦
座標：N22 55 40 E77 34 60
指定日期：2003 年
標準：（iii）（v）

位在茂密森林裡的大型砂岩高丘上，有許多天然石窟，展示了從中石器時代前後時期的岩洞繪畫及先人的生活居所。

發現歷史

回顧印度岩畫的藝術研究，其實很早就開始了。Archibald Carlleyle 於 1867 年在全國各地調查印度的岩石藝術，後來成為 ASI 的第一推手。但他當時的發現並沒有公開發表。

根據 1888 年當地住民的敘述，當時賓貝地卡被當作是一個佛教遺址。石窟位於森林深處，密佈漫山荊棘、處處有毒蛇猛獸之地。當地人又傳說此處是《摩訶婆羅多》史詩中班度族佈軍（Bhimasena）和他的兄弟被放逐的隱居地。「Bhimbetka」意指「佈軍」隱居之地。

賓貝地卡石窟不同於阿旃陀石窟及埃羅拉石窟等有豐富壯觀的建築雕塑藝術，當然無從相提並論。或許因此無法引發人們的興趣，也讓賓貝地卡石窟一直沉睡在這人煙稀少的森林中不為人知。直到考古學家瓦卡那卡（Vishnu Shridhar Wakankar）（1919 -1988）博士於 1957 年，前往探索進行了密集的調查和挖掘。一直到 1971 年到 1972 年間，它才出現在印度考古調查年度報告中，向世人揭示史前賓貝地卡石窟的成果報告。歷經了半世紀，直到 2003 年，賓貝地卡石窟才被聯合國教科文組織宣佈為「世界遺產」。

考古學家瓦卡那卡（Vishnu Shridh Wakankar）博士披荊斬棘冒險犯難，他的考古研究專業成果文獻於 1957 年開始向全世界公告週知。博士儘管在印度發現了不少岩畫石窟，但他認為賓貝地卡的規模

石窟岩畫

及價值，遠遠超過已知的其他史前洞穴。當時在印度及世界考古界轟動一時。耶魯大學 1976 年還出版他的著作《Stone age painting in India》如今瓦卡那卡（Vishnu Shridhar-Wakankar）博士被人尊稱為「印度岩畫藝術之父」，當之無愧。

藝術崇拜者的殿堂

賓貝地卡石窟位在方圓約 10 公里森林中，在 7 座山上有不同時期共 760 多個彩繪砂岩畫作，然而，如今受到岩石的崩落等自然環境的威脅，使得砂岩畫作減少了，僅有少量圖像。到目前為止，已發現超過幾百個人物的岩洞繪畫。其中在一個山頂上有一個巨大的風景區懸崖的環境中，大約有 15 個壯觀的岩洞對外開放。

岩洞繪畫

洞穴裡有許多令人印象深刻的繪畫，牆上錯綜複雜的繪畫，讓熟悉古代藝術和現代藝術概念的現代人亦無法比擬。使人驚訝的是，這裡發現的畫與在澳大利亞卡卡杜國家公園（Kakadu National Park）發現的岩畫、法國舊石器時代拉斯科洞穴（Grotte de Lascaux）的岩畫非常相似。這種巧合是否是因為人類系出同源？還是不謀而合的實境描繪？令人玩味。

岩洞在不同主題的繪畫，處處充滿敘事的表現張力，從現實生活的場景到抽象的幾何圖案，裝飾各不相同，充滿神秘，讓人感受到古人的趣味。

從單一顏色的簡單線條圖到不同顏色的使用，描繪馬背上攜帶劍和盾牌，馬和大象的動物形象，不斷變化的風格，從石窟岩畫藝術中可見幾千年來的進化及歲月的流轉。

上、上右、下：石窟岩畫

雖然石窟所呈現的繪畫目前看來主要是白色和紅色，根據博士考據他發掘的錳、黃赭石及陸續挖掘到的銅綠色之不同的礦石，皆證明最原始的壁畫不只紅白兩色而已。

當時他們使用有限的礦物作為顏料，畫出了絕妙生動的畫作。作品完全依岩石的凹凸形狀，勾畫出各種動物的體型和姿態，充滿了趣味及動感。

印度岩畫中記錄了人類從早期智人和晚期智人，兩個發展進程的一鱗半爪；從狩獵和人獸的對抗、敬天儀式的舞蹈，各種馴服的馬、牛、羊及大象，到居家生活畫像及幾何圖騰，驚嘆古人的想像力，實在令人嘖嘖稱奇，走在賓貝地卡石窟裡似乎掉入了古代的時光隧道中。

不可思議的是與賓貝地卡石窟相鄰的村民傳統圖畫，與岩畫中的非常相似。即使在今天，村莊的婦女仍然用天然色素和植物染料來塗抹牆壁以裝飾房屋，也似乎說明了之間血脈相連的文化臍帶。

史前人類的居所

亦有考古學家推測，石窟可能存在於西元前 10 萬年直立人生活的跡象，而最早的岩畫則可追溯到 3 萬年前到 5 萬年間的歷史（中石器時代到新石器時代和青銅時代之間），這就是最早人類生活的證據。

石窟除了繪畫還發現了人類使用的石頭工具，包括手斧、砍刀和鵝卵石等等。這些工具（包括舊石器時代不同時期）中可拼湊出工具進化的連續性。

賓貝地卡石窟延綿有 20 公里，位處地形陡峭、氣候乾燥的山區，斷層形成礫岩沖積礦，是否是當時岩洞人取得作為石砧及石錘工具的材料，或古石器時代製成碧玉、瑪瑙和玉髓飾品就不得而知了。

結語

賓貝地卡這地方約 50 或 60 個小丘上的砂岩天然洞窟，周圍環繞著常綠森林和每天從山谷升起的陽光，是幾代史前藝術的指標性殿堂，也是人類理想的棲息地，更是先人最好的天然避風港。

在賓貝地卡中發現動物骨頭、鹿角與人類骨骸和工具，一起被埋在生活區域內，印證了賓貝地卡是各種動物一起生活，並與史前人類之間多方面共享森林環境之經濟和社會的生活場域，充份展現人與自然環境之間，長期而親密的共生關係。▲

簡塔・曼塔天文台

印度天文學歷史悠久，據史料顯示，可以追溯到印度河流域文明時期，後來逐漸發展成為吠陀時期學習的輔助學科之一。印度天文學也受到希臘天文學的影響，從西元 2 世紀起，希臘天文學已有梵語翻譯文本。

非常前衛的古天文台

Jantar Mantar

齋浦爾
座標：N26 55 29 E75 49 30
指定日期：2010 年
標準：（iii）（iv）

後　來印度天文學，影響了中國天文曆法及術數；唐代術數中，如「北斗星」就是沿用印度梵文所譯的。位於齋浦爾的簡塔‧曼塔（Jantar Mantar）天文台即是印度傳統的延續與演化的偉大成就。

著名的天文觀測站簡塔‧曼塔建於 10 世紀，主要由磚石結構建成；目前總面積約為 1.86 公頃，包括一套約 20 組主要的觀星象天文儀器。這些天文儀器是目前已知的觀測天文裝置中不朽傑作及典範，透過許多儀器具體地呈現其獨特成就。

簡塔‧曼塔天文台專為肉眼觀察天文之目的而設計，展現了創新的建築和先進的儀器。這是印度歷史悠久的天文史中最重要、最全面、也是保存最完整的天文台。它展現了蒙兀兒時期宮廷的天文科技、宇宙觀及探究天文學的非凡智慧。

歷史沿革

天文台由君王薩瓦伊‧傑伊‧辛格二世（Sawai Jai Singh II）於 18 世紀成立，早在 1718 年，也就是齋浦爾在城市奠基之前十年的時候就開始了。天文台在 1734 年完工。據 ASI 的文件顯示：有超

左、下：天文台的小日晷，它的指針向下傾斜 27 度。

過 23 位天文學家和大量工匠和雕刻師投入興建工程。當時的工資是以按日計酬僱用的。

葡萄牙商人於 16 世紀佔領果亞後，1729 年葡萄牙耶穌會的天文學家，包括佛格雷多（Padre Manuel Figueredo）、費達多（Fidalgo），以及德斯瓦（Padre Xavier De Silva）等人受邀訪問齋浦爾，與辛格二世大君會面並參訪當地巧奪天工、精細複雜的天文台。1734 年，又有兩位來自法國耶穌會的波笛爾（Boudier）神父及夥伴查德拿果雷（Chandernagore）前來訪問、記錄天文台觀測活動，確定其經度和緯度。於 30 年代中期開始，天文台觀星成為了大君閒暇之餘的社交活動中心，直到 1743 年為止。

齋浦爾的簡塔‧曼塔天文台的第一階段發展，基本上由辛格二世奠基而起。1743 年到 1786 年間，法國耶穌會傳教士丁芬達樂（Joseph Tieffenthaler）最早在遊記中描述這座天文台，他寫道：「簡塔‧曼塔天文台位於四面環牆的平原上，貼近國王的宮殿。」其遊記中對於儀器也有詳細的描述與分析，如：座標、各儀器零件細節與金屬成份，以及由鐵環懸掛的物件等等相關見證。

建築形式

簡塔‧曼塔天文台建築造型獨特，呈現幾何形狀的天文儀器，具有鮮明的當代雕塑藝術創意風格。反覆出現的頂尖拱塔造成的光影效果，令人驚豔。其中 Brihat Samrat Yantra 大日晷是世界上最大的日晷，佔據了地表上方約 19 公尺的天際線。

塔頂的揚特拉（Yantra）亭樓是天文台的制高點，往往成為視覺焦點，其中以傳統的元素搭建而成，如：表面的灰泥圖案、石遮陽、呈現典型的沖天爐屋塔形頂峰等等，獨出於周邊的建築物，自成一格。其儀器的結構材料基本上使用了石膏，並於上方塗上石灰。天文台部分結構都刻還測量刻度。

簡塔‧曼塔天文台一系例的儀器大多覆蓋著精緻的石灰石膏和大理石的飾面，如此造就出光滑表面，以提供準確的天文讀數。如仔細觀察它的表面，也可能是使用紅白石英岩包覆。

觀察天文台現場的結構則發現極少有金屬觀測儀器；然而，每種儀器資訊皆能詳細地標示出位置。

測量日月蝕的儀器 Krantivritta Yantra 上層的觀測台建築的功能，由於其金屬成份不完整，現在僅能做觀賞用，無法有效運作；另有 33 台儀器部分功能齊全，可用於測量時間。

昨日及今日

齋浦爾的簡塔‧曼塔觀測台由於設置在戶外，容易因天候及遭受大自然的侵蝕破壞，因而須持續進行各種修復。19 世紀

上、下：德里天文台

時，因作工繁複，曾一度放棄修復。儘管如此，在 ASI 的整體考量建議下，得到了正確的維護和重建，目前部分天文台已恢復功能。根據 ASI 紀錄，簡塔‧曼塔天文台是托勒密位置天文學傳統的一部分，這是許多文明所共有的遺產，因此齋浦爾於 2010 年提名簡塔‧曼塔天文台列入世界遺產名錄。

結語

1727 年至 1734 年間，由於辛格二世大君對天文學的無比熱衷，因而在印度中西部建造了 5 座類似的天文台。除了齋浦爾，其他分別位於德里、烏建（Ujjain）、馬圖拉和瓦拉納西。雖然這些天文台的功能主要在於天文學和占星術（Jyotish）研究的鑽研，但它們同時也啟發了前人遼闊的視野，帶動科技的想像，也成為今日主要的旅遊景點和天文歷史的重要紀念里程碑。◆

德里天文台

多元歷史
艾哈邁達巴德歷史名城

艾哈邁達巴德（Ahmedabad），在鄭和下西洋時稱為阿撥巴丹，是古吉拉特邦第 1 大城、全國第 7 大城，以素食聞名印度。木扎法爾王朝（Muzaffarid）王朝的國王穆罕默德•沙阿（Ahmed Shah）於 1411 年，在印度教聖徒協助下打造了堅固的城牆堡壘後，奠定了城市的基石。

艾哈達巴 甘地博物館

Historic City of Ahmadabad

古吉拉特邦
座標：N23 1 35 E72 35 17
指定日期：2017 年
標準：（ii）（v）

沙阿國王同時建了紅寶石（Manek Chowk）廣場，這廣場至今仍是艾哈邁達巴德最熱門的商場及美食中心。

他統治了這座城市直到 1484 年，他的孫子馬哈茂德貝加達曾遷都距離 160 公里外的占巴內市（Champaner），後來因受到蒙兀兒王朝的壓迫，又於 1535 年再次返回艾哈邁達巴德，艾哈邁達巴德再次成為蘇丹的首都，直到它於 1573 年併入了蒙兀兒王朝（1572-1707），到了英國殖民時代，巴德拉堡（Bhadra Fort）仍是古吉拉特邦（Gujarat）的政經中心。

多元城市建築遺產

擁有 600 年歷史的城市發展，不論是歷史悠久的城樓或其他廟宇，是各種文化影響這城市建築的見證。傳統的中世紀房屋，雕刻精美的木質外牆，與現代建築融合並存；數百年歷史的古老傳統工藝與先進的技術完美結合，先人智慧至今仍處處可見，令人動容。

建城以來，除了馬拉塔（1707-1753）統治過程中受到了傷害，其他無論是蘇

上、右：阿達拉傑 Stepwell 岩石階梯井

丹、蒙兀兒或英國，一個不間斷的世代交替持續到今天，這個城市介於新、舊之間仍承先啓後生機盎然。

城市擁有數百座寺廟、著名的 Jhulta minar 清眞寺，充滿智慧及建築美學工藝的階梯水井（Adalaj stepwell）和中世紀的傳統住宅群到英國殖民時期的 Ellisbridge 和 Mangaldas Girdhardas 市政廳的建築群，這些豐富的多元建築遺產，與當地的地理特徵和豐富的歷史連續性至關重要。

豐富的非物質遺產

這城市它的建築、藝術、工藝、語言和各宗教信仰的儀式傳統，在不同政權的轉變中留存下來。

最令市民驕傲的是古吉拉特邦有 50 多家博物館，其中 22 家就在艾哈邁達巴德。市民們似乎不滿足坐擁先人留下的遺產之上，獨立後當代的主題一直在增加。從甘地紀念博物館、Vechaar 博物館、城市博物館到 Lalbhai Dalpatbhai 大學博物館等等，其中由 Ambalal Sarabhai（1890-1967 年）是印度紡織業的先驅，由後人打造的 Calico 印花布博物館，這博物館是來自世界各地的紡織商及歷史學家的朝聖地。

城市擁有非常豐富而充滿活力有趣的博物館歷史文化的小徑，經常與其他印度城市相互交流展現了城市跨文化的寬度，這也使得艾哈邁達巴德非常出色。

艾哈達巴 一地下井

事實上，在同一時期出現了一些成功的世界級機構，如國家設計學院（NID）和印度管理學院（IIM），使艾哈邁達巴德成為印度人材的搖籃之一。

結語

達巴德的多元文化得以蓬勃的發展，源自於歷代皇室和強大的商會家對藝術和文化慷慨的贊助的傳統上發揮了重要作用。

艾哈邁達巴德以其獨特的城市生活和多元文化遺產因而於 2017 年成為印度第 1 個被列入聯合國教科文組織世界遺產城市的「歷史名城」的名單，與歷史悠久的巴黎、開羅、布魯塞爾和羅馬等城市並駕齊名，的確實至名歸。

今日

結合這些悠久的歷史艾哈邁達巴德是一個繁華的大都市，擁有知名的大學研究所和快速發展的經濟，深深植根於傳統之上。

人口約 600 萬，工商業發達，有印度最好的公共道路建設，吸引了外商及台商在此地投資，挾第一個獲聯合國此殊榮的城市，帶來大量的觀光客使其成為印度城市發展的傑出範例。🕌

艾哈達巴 清真寺

印度考古之父——
亞歷山大‧康寧漢爵士

印度考古調查（ASI, The Archaeological Survey of India）隸屬於印度文化部，1861 年，是由亞歷山大所創立英國殖民政府時代，印度考古調查最重要的部門。

ASI 其目地在維護印度古代遺跡和考古遺址。全國共區分為 24 個範圍。每一個組織擁有經過專業培訓的考古學家，保護人員，書法家，建築師和科學家組成的龐大工作隊伍，通過其範圍下的博物館，挖掘分支，史前分支，金石學科，科學部門，園藝部門，建築調查項目，寺廟進行考古研究。

當世人在談論印度的佛教復興時，肯定亞歷山大是最重要的功臣。他的考古生涯的依據核心是源自玄裝及法顯大師到印度朝聖提到的地方。其中 19 世紀 40 年代出現法語譯文《大唐西域記》著作，被考古學視為如同西元 2 世紀羅馬時代的希臘地理學家保薩尼亞斯（Pausanias）的《希臘志》的價值等量期齊觀。亞歷山大他在 1843 年首次宣布了他利用玄奘的及法顯大師的文本記錄定位佛教最重要的景點的考古計劃。在 1848 年他發表他在印度進行系統考古調查，一再強調「計劃用於致力於佛教遺址的研究」，他提到印度教遺址他認為梵書之普蘭納 (Purana) 對考古用途不大（意指神話及傳說而已），而伊斯蘭教只是摧毀佛教罪孽深重的破壞者。但處在多元信仰的印度遺骸的研究，他當然了解到印度決非單一宗教歷史，亞歷山大相信考古學家可以通過參考佛教考古來開啟印度考古的大門。在他的後來成功的考古成就果真如此。

亞歷山大在印度、輝煌的佛教遺址考古包括鹿野宛，桑吉，拘尸那迦，塔克西拉和菩提伽耶和哈拉巴的發掘中發現了石製印章等等成就。

亞歷山大是 1823 年 1 月 23 日出生的英國人，原本是軍隊工程師，在 21 歲時被派在貝納拉斯城鹿野苑，在那他發現了一個 45 公尺高的圓頂狀結構，他以為是印度大君的紀念物，啟發了他探索印度古蹟的興趣。

在鹿野苑他發現一堆無法理解的銘文，送交皇家亞洲協會的古印度文專家詹

姆斯普林賽（James Prinsep）破譯，才解開達美克（Dhamek）佛塔之謎。原來達美克是佛陀發表他的第一次佈道的地方。此後，他與詹姆斯密切的接觸，成爲他對印度考古學一生志業的轉捩點。

在鹿野苑之後，他在桑吉第二塔中，發現了佛陀的門徒舍利弗和目犍連的舍利子遺物。他將探索印度佛教考古的報告於 1854 年出版了一本名爲 The Bhilsa Topes or Buddhist Monuments of Central India 的書，又於 1871 年出版了《印度古代地理》（The Ancient Geography of India）這是有關西元前 3 世紀，印度皇帝阿育王銘文的書，以及 1879 年的《巴爾胡特的佛塔》。據說亞歷山大「有一雙神聖的眼睛，可洞悉過去被埋葬未知文明」，然而他的考古成就是來自玄奘大師觀察精確的《大唐西城記》，因此他也對玄奘未曾造訪桑吉佛落塔百思莫解。

他也是非常感性的考古學家，通過玄奘描述他發現了世尊釋迦牟尼拘尸那迦涅槃的地方。他第一次參訪了摩訶菩提（Mahabodhi Vihar），並對破舊不堪的遺址感到悲傷。於 1881 年他的指導下，他修復摩訶菩提寺阿育王時代的欄杆及有名的金剛座。1812 年他又發現被埋在地底下的那爛陀大學及巴基斯坦塔克西拉大學。他在 ASI 的 20 年努力不懈成就幾乎還原了印度佛教古代遺址的全貌及爲 ASI 考古打下了堅實的基礎。

亞歷山大 · 坎寧安爵士毫無疑問，他是最偉大的考古學家和歷史學家之一，因爲他將被埋在地下失落千年的佛教歷史中復活，他立下了 ASI 的座右銘「讓我們揭開過去的輝煌」。如果沒有他的考古發現，釋迦牟尼及佛教只是傳說而已。他的一生對印度考古的貢獻值得世人向這位偉大的人物致敬！善哉！善哉！भारत

考古學家紀念館

羅摩衍那永恆的傳說

只要太陽和月亮仍然普照大地，青山綠水常在，史詩《羅摩衍那》和故事中拉瑪的名字，依然激勵世人的創造及想像力，也是印度人取之不盡，向上提昇印度人的生活聖經。它是印度人生活中所堅持的價值觀泉源。是印度過去的文化、傳統的觀點，理念和信仰，以及印度人強大 Valmiki 約於西元前 500 年撰寫，《羅摩衍那》不僅是一個故事，也是印度教的法典（Darma 責任）的重要媒介。《羅摩衍那》描繪了印度渴望的人物形象，如理想的父親，理想的兒子，理想的兄弟，理想的領袖，理想的妻子等的典範。

史詩包含七章古老的 24,000 頌「Shloka 輸洛迦」，包含了古代印度教聖賢的教義。它極大地影響了印度次大陸和東南亞的藝術和文化。《羅摩衍那》的故事經常被宗教寺廟牆上的敘事雕塑，以詩意和戲劇性的版本演繹。從泰國皇宮、吳哥窟及印尼寺廟皆能看到以《羅摩衍那》亮眼主題。

它是印度及南亞舞蹈、戲劇、皮影戲、木偶戲、童書、卡通等等受世人歡迎的元素。在印尼巴里島，每天有羅摩衍那相多場演出從不停息。《羅摩衍那》成為在地觀光資源的火車頭。

羅摩衍那摘要故事

阿約提亞的王子拉瑪贏得了美麗的西塔公主，但是由於王子拉瑪繼母的陰謀，王子與西塔和他自己的兄弟 Laksmana 在森林中流亡了 14 年。後來他的妻子西塔被拉瓦那綁架，拉瑪聚集了一群猴子搭救她，襲擊了蘭卡，殺死了拉瓦那，並救出了西塔，這一天即為印度的十勝節 (Dssehra Festival)。為了證明她的清白，西塔進入了火堆後證明她的清白，成為了印度人在結婚繞火祭壇風俗。後來回到阿約提亞之後，家家戶戶 燈歡迎拉瑪歸來，即為印度的迪瓦力 (Diwali) 新年的典故भारत

羅摩衍那永恆的傳說

神話和人間交錯的《摩訶婆羅多》

《摩訶婆羅多》（Mahabharata）是講述印度王國的婆羅多戰爭的故事，作者廣博仙人在書中說：「這裡有的東西，皆存在於宇宙大地；這裡沒有的東西，任何地方都找不到。」

這古老的史詩，主要故事圍繞潘達瓦和俱盧族兩大家族，不同的意識形態所引發了戰爭，交織動人經典的故事，如「克裡希納與阿朱那之間的對話」充滿了哲學語彙。《摩訶婆羅多》對普羅大眾的影響力遠超過印度教重要的《吠陀經》《奧義書》和《普拉納》等梵書。它的美妙之處在於書中沒有刻意與神的聯繫的宗教味。

印度上師說過，「如果你要瞭解印度，你可以閱讀吠陀經和奧義書和普蘭納，如果你的時間不夠，你可以閱讀《摩訶婆羅多》多《羅摩衍那》，如果你嫌時間還不夠，你可以讀《薄伽梵歌》和《毘濕奴的一千個名字》的精華本」。世人稱《摩訶婆羅多》是精神啓示的兩隻眼睛。

如果你幾乎抽不出時間來，那你就吟誦賈亞翠 (ayatri) 文中的 AUM 字金言其源頭即來自廣博仙人《摩訶婆羅多》。據說印度國父甘地只要一天沒讀《薄伽梵歌》感到語言無味。

成書於西元前 3 世紀至西元 5 世紀的《摩訶婆羅多》，與另全長 74,00 頌「Shloka 輸洛迦」，總共有 180 萬個單詞，是世界上第三長的史詩，是古代印度乃至世界文學中最重要的文本之一。

它也是印度寺廟如艾羅拉及吳哥窟的浮雕，它也是南亞表演藝術的靈感來源，如印度的卡塔卡利及峇裡島的舞劇、爪哇島的皮影戲包羅廣泛，至今方興未艾。近代影視童書及當代基藝術的重要元素。भारत

《摩訶婆羅多》史詩

簡介印度宗教寺廟建築背後的哲學

印度寺廟

印度教寺廟按照八個主要方向佈置。每座寺廟都獻給一位特定的印度教神，神像通常雕刻在建築物的外面。印度教寺廟中最重要的房間是 Garbhagriha（直譯為子宮室），位於寺廟的中心。印度人相信這個小而無窗的房間是能量流入和流出的地方，其中包含了寺廟神靈的象徵性表現如靈伽及偶像。根據古代歷史百科全書，印度教寺廟通常在三面牆上有三扇假門，以便讓能量流過整個寺廟。

佛教寺廟

佛教寺廟有兩個獨立的結構：石窟和佛塔。石窟被稱為一個小洞穴狀結構，起源於中亞高山，僧侶們在山上修行冥想，後來雕刻石像便宜祈禱。一般而言佛教寺廟獨立，寺廟位於這些神聖的石窟附近，但是阿旃陀也出現塔中有廟的廟塔。佛塔是一座多層塔樓。它最初是為了放置佛教創始人釋迦牟尼的遺物。佛教經文聲稱，在釋迦牟尼被火化之後，留下舍利子。阿育王時代廣建佛塔後，成為對佛陀崇拜傳統。

耆那教廟

耆那教建築受到佛教和印度教寺廟結構的影響。耆那教寺廟建於方形結構平台上，四個門口與主要方向相匹配。每一個門口都可以選擇導向耆那教的教導神 Tirthankara 的形象。耆那教的天花板上的曼陀羅設計，往往比印度教寺廟更華麗。在耆那教的寺廟建築中，有四個不同的方面可以遵循形而上學的理論，即真理存在不止一個，耆那教寺廟都扮演著「多種觀點」的概念。

錫克教寺廟

錫克教寺廟被稱為 Gurdwara，每個寺廟都有不同的上師。這意味著這些寺廟不僅僅是禮拜場所，也是學院、醫院和住所。它們也是為了紀念 10 位錫克教大師中的每一位上師的場域。要成為 Gurdwara，該建築中必須有 1 個小房間可放置聖書和會眾的座席。他們還必須在建築物的四個側面都有入口，以表示對信徒的歡迎。भारत

蒙兀兒建築簡介

蒙兀兒建築是由蒙兀兒在西元16至18世紀發展起來的建築風格，在中世紀印度帝國中包括了伊斯蘭、波斯、突厥和吸取印度本土石材和印度教及耆那教佛教的不斷變化建築的混合體。

逐漸蒙兀兒建築具有統一的結構和特徵，包括洋蔥式的圓頂，各角落處的細長尖塔，大廳，大型拱形網關和精緻的幾何圖型裝飾。這種風格的例子可以在印度，阿富汗，孟加拉國和巴基斯坦遍及印度次大陸。

蒙兀兒王朝是在1626年在Panipat的巴布爾勝利之後建立的。在他5年的統治期間巴布爾興建建築物，儘管很少人倖存下來，反而在北方邦阿約提亞（Ayodhya）拆了印度廟蓋的清眞寺成爲近代印度教及伊斯蘭的最大爭議性的衝突地標。

但他的孫子阿克巴（Akbar）大帝正值國富民強，又酷愛建設，廣泛建立很多城堡，蒙兀兒建築風格在他統治時大力發展。他有名的成就中有胡馬勇的陵園（爲他的父親而建），阿格拉紅堡，法替普錫克里（Fatehpur Sikri）城堡和Buland Darwaza清眞寺。阿克巴的兒子賈汗吉（Jahangir）對建築沒太大的建樹，僅在克什米爾的建了波斯沙利馬爾（Shalimar）花園。

蒙兀兒建築在沙賈汗（Shah Jahan）皇帝統治期間達到了頂峰，他在位期間建造了德里星期五清眞寺（Jama Masjid）、德里紅堡、拉合爾沙利馬爾（Shalimar）花園和最著名的阿格拉的泰姬瑪哈陵，以及許多傑出的蒙兀兒經典之作。

雖然沙賈汗的兒子奧蘭澤布建了如拉合爾的清眞寺（Badshahi Masjid）等建築物，在他的統治下大力破壞了印度廟和他的窮兵黷武除了將之改建成清眞寺，他對蒙兀兒建築可說毫無貢獻可言。भारत

蒙兀兒建築

附則 |
被遺忘印度遠古文明

在19世紀20年代後期，印度砲兵也是英國探險家查爾斯‧馬森（Charles Masson, 1800–1853）被神秘的廢墟和土堆絆倒，成為哈拉帕（Harappa）文明被發現最早的證據。當時馬森曾挖掘了50多個佛教遺址，收集了大量小物件和許多硬幣。當時人們對這廢墟沒有概念，一直到1856年英國殖民政府建鐵路，必須要將磚塊拆除時，考古學家開始挖掘終於發現了哈拉帕和摩亨卓達羅（Mohenjo-Daro）這被遺忘的印度河流域文明。

數千年前，很可能印度河流域的文明和埃及和美索不達米亞的古代文明有關。許多龐大的城市位於河流上，至今仍然流經巴基斯坦和印度。關於這個文明的一些令人難以置信的事實，這世界上最古老的文明逐漸被世人了解。

印度考古調查（ASI）的科學家們最近發現了印度河流域文明至少有8000年的歷史，而不是早先認為的5500年。使其不僅比埃及和美索不達米亞文明更古老，而且也是世界上最古老的文明之一。

Mohenjodaro直譯為「死者之丘」的大浴場，一個位於一堆泥土上的密水池，被封閉在烤磚牆內。這個大浴池還有小型更衣室，每一個房間都可連接浴室區。

考古學家發現部分象形符號和各種人類和動物圖案組成，其中包括令人費解的象形文字刻在微型滑石或赤陶片上。幾十年來，語言專家和科學家們始終無法破譯，使這文化更為神秘。

在哈拉帕和摩亨卓達羅發現了好幾個糧倉，大型建築物，堅固的磚基礎和木製上層建築。這些大形的糧倉都靠近河岸，利

居家最私密的神壇

用船隻糧食運輸各地。

　　座落於古吉拉特邦洛塔（Lothal）擁有世界上最早的造船廠，該碼頭東西長37公尺，南北長約22公尺的區域，將城市連外貿易，是重要和繁榮的貿易中心。

　　考古學家於拉賈斯坦邦 Ghaggar 乾涸河床挖掘到印度人最早農耕的證據之外，還發現儀式性的火祭壇。也發現了六面和斑點的骰子，同現代人的骰子並無二致。精心規劃的街道網格和排水系統，幾乎每個房子都有沐浴區和完善的排水系統。

　　這些城市尚未發現宮殿和寺廟等華麗的建築，沒有明顯的統治者的證據。但幾乎每個房子都有珠寶和陶器世俗生活非常富裕。

　　印度河流域文明中最常見的人工製品是珠寶。男人和女人都裝飾著各種各樣的奢侈品裝飾品，這些裝飾品由貴金屬和寶石到骨頭和烤粘土，如珠子，陶器和小骨頭裝飾品及童玩，其中大鬍子祭師特別醒目。

　　數以千計的雕刻像是護身符，通常由滑石，瑪瑙，燧石，銅，彩陶和赤陶製成。其中有一個著名的雕刻，坐在一個蓮花上並被動物包圍的姿勢。它描繪了印度文化最愛受尊敬濕婆神，Pashupati 意爲「動物之王」，是濕婆的綽號之一，被認爲是吠陀神濕婆的先驅。哈拉潘人還崇拜母親女神，挖掘出大量的女神像，這表明母神崇拜或生育崇拜在古文明中廣爲流行。在印度河谷發掘中，最著名的青銅舞女的雕像，表現舞蹈形式之熟練的工藝，神似後世的寺廟舞姬是印度最早的舞蹈形像。

　　在 Mohenjodaro 街道上的挖掘發現了一堆個被夷爲平骷髏，趴在街道上，彷彿厄運來得如此突然。考古學家認爲，這些人都是在瓦礫，灰燼和碎片層面的扭曲的街道中死於暴力，但導致暴力的原因仍然無法解釋。是否印度河流域文明突然被焚燒？被外力或從內部被武力奪取？印度河的河流改變了他們的路線之後自然災害崩潰而衰落，至今沒有令人信服的證據證明這神秘消失的古印度文明。भारत

火供

印度文化遺產交通指南

交通指南——仍請參考印度當地交通資訊或以 Google
即時掌握交通資訊和最有用印度旅行食衣住行的網站 https://wikitravel.org/en/India

1	埃羅拉石窟 （1983 年）	印度西部馬哈拉什特拉邦（MaharashtraState）重鎮奧朗加巴德再轉巴士或出租車。
2	孟買象島石窟 （1987 年）	印度西部孟買市，孟買有國際及國內航空可達象島外海在印度門搭船約 40 分可達。
3	偉大朱羅寺廟群 （1987,2004）	Brihadisvara 大廟位於青奈市 (Chennai) 西南 350 公里的 Thanjavur 鎮。最近的機場設施 Tiruchirapalli 有定期航班與清奈 (Chennai) 馬度賴（Madura）相連。坦賈武爾（Tanjavur）透過鐵路可連接到 Trichy
4	漢皮建築群 （1986）	卡納塔克邦班加羅爾 353 公里，距貝拉里市 74 公里再搭公車或計程車可達。
5	馬哈巴利普蘭建築群 （1984）	5. 馬哈巴利普蘭建築群（1984）首府清奈到馬哈巴利城：55 公里（車程二小時內可達）有非常多。
6	帕塔達卡爾建築 （1987）	最近的機場是在貝爾高姆（Belgaum），距離帕塔達卡爾 (Patta-dakal) 約 180 公里。
7	拉賈斯坦邦山塞堡 （2013）	琥珀堡位於捷布的郊區約 11 公里 遠可坐巴士計程車可達齋浦爾，是印度拉賈斯坦邦的首府德里有很多直飛航班。 其各地景分散在拉賈斯坦邦內請自行查網站。
8	卡拉朱候 chhatara-pur 車站 （1986 年）	火車及國內航空可達位於印度中央邦北部的本德爾坎德-卡朱拉候。
9	帕坦女王井 （2014 年）	古佳拉邦首都艾哈邁達巴德（Ahmedabad）位於南部 108 公里處，您可以乘坐火車從那裡前往帕坦市（Patan）。
10	太陽神廟 （1984）	從加爾各達及德里到均有飛机场及火車到奧里薩邦首都布巴内斯瓦爾（Bhubaneswar）再住 64 公里的科納克（Konark）。 如在普里出發，距離約 34 公里。可從普里火車站乘坐公共汽車或出租車前往科納克太陽神廟。
11	阿旃陀石窟 （1983 年）	印度西部馬哈拉什特拉邦（MaharashtraState）重鎮奧朗加巴德再轉巴士或出租車。
12	那爛陀大學考古遺址 （2016 年）	距離那爛陀（Nalanda）大學，巴特那是最近的機場。德里，加爾各答，孟買有定期航班。印度的重要城市，如勒克瑙、浦那、巴特那、海德拉巴，孟買和班加羅爾均有火車到納蘭陀火車站。 您還可以乘坐公共汽車或出租車前往目的地。

13	桑吉佛教古蹟（1989）	可選擇火車或巴士到中央邦博帕爾機場 / 火車站 後再轉車到桑奇。
14	菩提伽耶寺院（2002）	加耶機場有很多直飛航班。如果您來自印度其他主要城市，最近的機場位於距離 140 公的巴特那，火車可輕鬆抵達菩提伽耶。最近的火車站是加耶、與巴特那、瓦拉納西、新德里、加爾各答、普里。
15	占巴內 - 帕瓦加達考古公園（2004）	位於古吉拉特邦，巴羅達 (Vadodara) 機場到景點占巴內 50 公里再坐計程車比較方便。
16	阿格拉堡（1983）	阿格拉紅堡位於北方邦距新德里國際機場 200 公里，火車、公路均可達。
17	德里古德卜明 建築群（1993）	德里 Qutub Minar 地鐵站附近。
18	德里紅堡（2007）	德里 Red Fort 地鐵站附近。
19	泰姬瑪哈陵（1983）	由德里搭火車及往阿格拉。
20	德里胡馬雲陵園（1993）	德里地鐵站是黃線上的 Jor Bagh 或紫線上的 JLN 體育場。
21	法塔赫布爾西格里建築群（1986 年）	由德里搭火車及往阿格拉再搭巴士或計程車。
22	希瓦吉維多利亞終點站（2004 年）	印度西部孟買市市有國際及國內航空可達，火車非常方便再搭巴士或計程車。
23	果亞教堂和修道院（1986 年）	印度西南部果阿市各大城午有火車及機場可到果亞首部帕納吉 (panaji) 搭巴士或計程車到舊果亞。
24	印度高山鐵路（1999,2005,2008）	大吉嶺沒有機場，距離大吉嶺最近的是西里古里附近的 Bagdogra 機場，距離大吉嶺約 3 個半小時（距離 90 公里）的車程。 往大吉嶺，要先抵達其最佳中轉站西里古里鎮。這裡有隨時發往大吉嶺的吉普巴士，方便快捷。 其他尼爾吉利 (Nilgiri) 及西姆拉 (Kalka-Shimla) 自行查網站。
25	孟買維多利亞時代的哥德式和裝飾藝術（2018 年）	印度西部孟買市有國際及國內航空可達，火車非常方便。
26	賓貝地卡史前石窟（2003）	最近的機場是博帕爾 (Bhopal)。它與孟買，德里，印多爾和印度所有其他主要城市緊密相連。 Raja Bhoj 機場 距離賓貝地卡史前石窟 Bhimbetka 有 48 公里。乘坐出租車和公共汽車很方便。
27	簡塔‧曼塔天文台（2010）	德里到齋浦爾火車 4 小時可達非常方便。車站到 Jantar Mantar 之間的距離為 2 公里可搭嘟嘟車最便捷。
28	艾哈邁達巴德歷史名城（2017）	德里每天超過 19 個班機；飛行時間：1 小時 35 分鐘。 德里到艾哈邁達巴德火車。

印度交通複雜 上述 資訊僅提供參考有用網站 https://wikitravel.org/en/India

印度靈魂在心中萌芽

李眉君 Priya lalwani Purswaney

生為長期住在台灣的印度人，我真的覺得吳老師對在台推廣印度文化的貢獻非常龐大。從 2003 的第一屆印度文化節，我們開始合作讓更多台灣朋友對印度可以有深入的了解。每年跟他和志工團隊舉辦文化節時，覺得是雙贏合作因為所有活動可以用三語 (中英印度文) 進行，而我呢可以更加強我的印度知識和主持能力。因為我會說中文，他每次介紹我的時後都說我的外表看起來像印度人，但裡面是道地的台灣人；我倒是覺得這個道理應該比較符合他：外表是台灣人，可是內在對印度的了解與喜好比我們印度人還要多！這幾年來，老師的多次印度旅行讓他有機會探索印度豐富的世界遺產。在今年他以成立夢想印度博物館這個具體的行動來展現他對印度的熱誠，裡頭展出許多有關印度的文物。我相信吳老師是台灣最有資格寫有關印度世界遺產的書。祝福老師的書大賣，也希望未來能繼續和 Jeffery 合作亞洲印度文化節，也歡迎所有讀者來參加。भारत

As a long term Indian resident in Taiwan, I feel that Jeffery has contributed immensely to the understanding of India among Taiwanese friends. I have known Jeffery from the time of the first Indian Cultural Festival which he organized in 2003. Since then, I have continued to partner with him and the core volunteer team in hosting the festival every year. This collaboration has been mutually beneficial: my skills as an interpreter help bridge the language gap as the events are hosted tri-lingually, while his expertise helps me better appreciate my own culture and I can simultaneously enhance my emceeing skills. Because I speak Mandarin, he often introduces me as an Indian on the outside but Taiwanese on the inside. This logic would be more apt to describe him: although he looks Taiwanese, his deep understanding of Indian culture, even deeper than a lot of Indians, proves his Indianness. And he has put this characteristic into action by establishing the Taiwan India Museum, where he has exhibited various artifacts collected during his various trips all over India in the past two decades. I personally believe that he is one of the most qualified persons in Taiwan to write a book on world heritage sites in India. I wish this and his future books every success, and look forward to continuing to work together to bring India and Taiwan closer.

專業口譯員 (中英印度文)
Professional Interpreter (English, Mandarin, Hindi)
曾經是印度台北協會首任秘書
Former secretary at India Taipei Association
前印僑協會會長夫人
Wife of former President of Indian' Association of Taipei
台灣第一位印度大學生
First Indian university student in Taiwan
台灣第一位印度女性創業家
First Indian female entrepreneur in Taiwan
台大管理碩士
MBA from NTU
師大 博士生
NTNU PhD candidate

國家圖書館出版品預行編目 (CIP) 資料

走入大絲路南亞段：印度不思議世界遺產紀行 /
吳德朗著 . -- 第一版 . -- 臺北市：天下雜誌，
2018.11
304 面；17×23 公分 . -- (樂遊；22)
ISBN 978-986-398-392-7(平裝)

1. 旅遊 2. 文化遺產 3. 印度

737.19   107020701

樂遊 022

走入大絲路南亞段
印度不思議 世界遺產紀行

作　　者｜吳德朗
攝　　影／吳德朗、王慶中
協助作者審校／呂麗慧、劉季音
執行編輯｜西爾芙
校　　稿｜莊淑淇
協助校稿｜陳莉萍、朗秀慧
美術設計｜舞匯坊

發 行 人｜殷允芃
出版二部總編輯｜莊舒淇 Sheree Chuang
出 版 者｜天下雜誌股份有限公司
地　　址｜台北市 104 南京東路二段 139 號 11 樓
讀者服務｜ (02) 2662-0332　傳眞｜ (02) 2662-6048
天下雜誌 GROUP 網址｜ http://www.cw.com.tw
劃撥帳號｜ 0189500-1 天下雜誌股份有限公司
法律顧問｜台英國際商務法律事務所‧羅明通律師
總 經 銷｜大和書報圖書股份有限公司
電　　話｜ (02) 8990 -2588
出版日期｜ 2018 年 11 月第一版第一次印行
定　　價｜ 500 元

All rights reserved.

書號：BCLR0022P
ISBN：978-986-398-392-7 (平裝)

天下雜誌出版 2 里山富足悅讀臉書粉絲團：http://www.facebook.com/Japanpub
天下雜誌里山富足樂學會臉書粉絲團：https://goo.gl/qqBQNe
天下網路書店：http://www.cwbook.com.tw
「天下新學院」部落格網址：http://newacademism.pixnet.net/blog